Karl Hilse

Der Betrieb der Berliner Pferde-Eisenbahn-Aktiengesellschaft und der Neuen Berliner Pferdebahn-Gesellschaft von 1887-1896

Karl Hilse

Der Betrieb der Berliner Pferde-Eisenbahn-Aktiengesellschaft und der Neuen Berliner Pferdebahn-Gesellschaft von 1887-1896

ISBN/EAN: 9783743321281

Hergestellt in Europa, USA, Kanada, Australien, Japan

Cover: Foto ©ninafisch / pixelio.de

Manufactured and distributed by brebook publishing software (www.brebook.com)

Karl Hilse

Der Betrieb der Berliner Pferde-Eisenbahn-Aktiengesellschaft und der Neuen Berliner Pferdebahn-Gesellschaft von 1887-1896

Wirthschaftliche Tragweite der Haftpflicht

beim Betriebe

der Großen Berliner Pferde-Eisenbahn-Aktiengesellschaft

und

der Neuen Berliner Pferdebahn-Gesellschaft

von 1887—1896.

Dargestellt von deren Syndikus

Dr. Karl Hilse.

Als Handschrift gedruckt.

Berlin 1897.
Druck von Martin Oldenbourg, Adlerstraße 5.

Inhalt.

Einleitung.

		Seite
§ 1.	Gegenstand des Berichtes	5
§ 2.	Anlaß und Rechtfertigung des Berichtes	7
§ 3.	Behandlungsweise	9

I. Die Unfallsgefahr.

§ 4.	Im Allgemeinen	10
§ 5.	Bewegung	17
§ 6.	Unfälle der Fahrgäste	18
§ 7.	Unfälle der Straßengänger	20
§ 8.	Absteigen, Aufsteigen und Herabfallen	23
§ 9.	Betreten der Gleise	26
§ 10.	Einwirkung von Fahrzeugen	29
§ 11.	Vermischte Ursachen	31
§ 12.	Trunkenheit	32
§ 13.	Kinder	34

II. Die Haftpflichtsgefahr.

§ 14.	Allgemeine Uebersicht	36
§ 15.	Vergleich mit der Unfallsgefahr	40
§ 16.	Umfang und Begrenzung	41
§ 17.	Haftung für fremde Schuld	45
§ 18.	Rechtsverfolgung und Rechtsvertheidigung	48
§ 19.	Verhältniß zur Unfallsfürsorge	50

III. Jetziges Abfindungsverfahren.

§ 20.	Leitende Grundsätze	53
§ 21.	Sachbehandlung	58
§ 22.	Das Aufbringen der Mittel	60
§ 23.	Die Unfalls-Feststellungskosten	61
§ 24.	Preisverlust	62
§ 25.	Unfallsabfindungsbetrag	63

		Seite
§ 26.	Bestehende Rentenansprüche	65
§ 27.	Anwalts- und Gerichtskosten	68
§ 28.	Rechtshängige Haftansprüche	70
§ 29.	Ausreichen der Mittel	72
§ 30.	Einfluß des Armenrechts	74

IV. Künftiges Abfindungsverfahren.

§ 31.	Maßgebende Einflüsse	75
§ 32.	Werth des Rückgriffsrechtes	79
§ 33.	Versicherungsangebote	81
§ 34.	Begründung von Vorschlägen	82

V. Anhang.

§ 35.	Das Haftrecht der Werkthätigen	85

Einleitung.

§ 1. Gegenstand des Berichtes.

In ihrem Einflusse auf die Wirthschaftslage der Unternehmer und die von den Aufsichtsbehörden zu treffenden Maßregeln, in ihrer Bedeutung für Rechtsprechung und Gesetzgebung, in ihrer Wirkung auf die allgemeine Verkehrssicherheit werden 12921 Ereignisse beleuchtet werden, welche vom 1. Januar 1887 bis 31. Dezember 1896 gemäß Polizei=Verordnung vom 27. Mai 1865 § 15[1]) als Unfälle beim Betriebe der Großen Berliner Pferde=Eisenbahn=Aktiengesellschaft mit 11675 und der Neuen Berliner Pferdebahn=Gesellschaft mit 1246 gemeldet sind. Indeß verdienen nur 4808 diese Bezeichnung, von denen 49 tödtlich verlaufen sind und 4759 zu Körperverletzungen geführt haben, während es in den übrigen 8113 Fällen höchstens zu Sachbeschädigungen gekommen ist. Betroffen sind 10953 Fahrgäste und 1968 Personen, welche in keinerlei rechtlicher Beziehung zu den beiden Betrieben gestanden haben. Ausgeschlossen sind namentlich die Fälle, welche Werkthätigen der beiden Betriebe in deren Banne bei Vornahme von Berufsverrichtungen zugestoßen sind, weshalb sie die Grundlage zum Eintritte der öffentlich=rechtlichen Unfallsfürsorge gemäß der Reichsgesetze vom 6. Juli 1884 und 28. Mai 1885 abgegeben haben würden; vielmehr werden dieselben besonders behandelt werden.

---

[1]) Aehnliche Auflagen sind gemeinüblich. Vergl. mein Handbuch der Straßenbahnkunde (München bei R. Oldenbourg 1892/93) § 36 Anm. 3 Bd. I S. 87.

Die bezifferten Ereignisse*) entfallen einerseits auf 44 775 158 zurückgelegte Fahrten bei 285 254 917 Nutzkilometern, andererseits auf 1 386 667 500 Fahrgäste, durch deren Beförderung 159 892 495.77 Mk. erzielt worden sind.

Diese Zahlen liefern einen schlagenden Beleg für die Bedeutung der beiden Betriebe im Berliner Verkehrsleben, sobaß die dort gewonnenen Ergebnisse weiterer Beachtung umsomehr werth sind, als ihre Zuverlässigkeit und Gründlichkeit unantastbar ist. Letzteres darf indeß aus dem Grunde behauptet werden, weil die einzelnen Fälle einheitlich und sorgfältig nach ihrem Anlasse, in ihrem Hergange und ihren Folgen unter Berücksichtigung ihrer mannigfachen Nebenumstände geprüft und gesichtet worden sind.

Freilich würde der Bericht an Vollständigkeit gewonnen haben, wenn die einschlagenden Verhältnisse der drei übrigen in Berlin zum Betriebe zugelassenen Unternehmungen hätten mitbehandelt werden können, deren eine ausschließlich Elektrizität mit ober- und unterirdischer Zuleitung, deren zweite gemischt Dampf- mit Pferdekraft verwendet und deren dritte versuchsweise neben dem Pferdebetriebe zur Zugförderung Gaskraft und elektrische Motore gebraucht hat. Denn es wäre Gelegenheit geboten gewesen, nicht allein eine größere Fällezahl in ihrem Verlaufe zu beobachten, sondern nebenbei den Einfluß des Gebrauchs der verschiedenen Zugkräfte auf die Höhe und Schwere der Unfallsgefahr zu prüfen, woraus unfehlbar gewichtige Grundlagen für die Verkehrspolizei und Bahnaufsichtsbehörden bei Erfüllung ihrer Aufgaben gewonnen sein würden. Von der Berlin-Charlottenburger Straßenbahn würden die bezüglichen Angaben vielleicht auch zu erlangen gewesen sein, ohne indeß Gewähr dafür zu bieten, daß die Ermittelungen gleich gründlich, sorgfältig und vollständig behandelt waren, wie dies bei

---

*) Zum Vergleiche geeignete Unterlagen aus anderen Straßenbahnbetrieben und für andere Zeitabschnitte bieten meine: Betriebsunfälle auf den deutschen Straßenbahnen in den Jahren 1882—1885 in ihrer verkehrspolizeilichen und gesellschaftswirthschaftlichen Bedeutung (Berlin 1886 bei H. S. Hermann), Haftpflicht der Straßenbahnen und sonstigen Fuhrbetriebe (Berlin 1889, Carl Heymann's Verlag), Unfallsgefahrengesetz in den deutschen Straßenbahnbetrieben (eine eisenbahnstatistische Untersuchung, Wiesbaden 1889, J. F. Bergmann); Schutzbedürfniß der Pferdebahnen im Strafrechtsgebiete (Berlin 1890, Carl Heymann's Verlag).

den beobachteten zutrifft. Bei den beiden anderen Unternehmern fehlte indeß sogar diese Aussicht. Denn, abgesehen von anderen Rücksichten, sind sie gegen Unfälle anderwärts versichert. Sie haben deshalb keinen rechten Anlaß, viel Mühe und Zeit auf die eingehende Untersuchung eines jeden vorkommenden Falles zu verwenden.

Fehlte indeß die Gewähr für Vollständigkeit und Zuverlässigkeit ihrer Auskunft, wären die verarbeiteten Fälle nach innerem Werthe verschieden zu behandeln gewesen, so hätte das Schlußergebniß vielleicht an Fülle der Gesichtspunkte gewonnen, wäre dafür jedoch das Bild der wirklichen Zustandsverhältnisse wesentlich getrübt worden.

Unter so bewandten Umständen wurde der Verlockung widerstanden, welche für den Berufsstatistiker die Aussicht bietet, ein weiteres Beobachtungsfeld zu erhalten, und umgekehrt vorgezogen, in engerem Rahmen zu bleiben, um das in dem Rahmen gefesselte Bild desto klarer, übersichtlicher und dadurch werthvoller zu gestalten.

§ 2. Anlaß und Rechtfertigung des Berichtes.

In Uebereinstimmung mit der Rechtsprechung des vormaligen Reichsoberhandelsgerichts und des Reichsgerichts erklärt der herrschende Gerichtsgebrauch das Haftpflichtgesetz vom 7. Juni 1871 auf Straßenbahnen mit Pferdebetrieb anwendbar und deshalb deren Unternehmer zum Schadensersatze aus Tödtungen oder Körperverletzungen verpflichtet, welche bei dem Straßenbahnbetriebe entstehen. Unter der Wucht dieser Verhältnisse wurden die Straßenbahnunternehmer vor die Frage gestellt, ob sie gegen die Haftpflichtgefahr bei Erwerbsgesellschaften versichern oder etwaige Haftverbindlichkeiten selbst abfinden wollten. Bis zum 31. Dezember 1886 hatten die Große Berliner Pferde-Eisenbahn-Aktiengesellschaft und die Neue Berliner Pferdebahn-Gesellschaft den ersteren Weg gewählt. Sie waren zuletzt bei der Schlesischen Lebensversicherungsgesellschaft versichert gewesen. Da mit dem 1. Oktober 1885 infolge der damals in Kraft getretenen Unfallfürsorge aus Gesetz vom 6. Juli 1884 mit 28. Mai 1885 das Bedürfniß zur Versicherung der Werkthätigen in eigenem Betriebe gegen Haftpflicht weggefallen war, blieb es von da ab nur noch für eine Versicherung wegen der Haftverbindlichkeiten aus Unfällen der Fahrgäste und von Personen bestehen, die anderweit durch den Bahnbetrieb getödtet oder verletzt werden würden, ohne bis dahin mit dem Betriebsunternehmer in einem Rechtsverhältnisse gestanden zu haben.[1])

Die Versicherung der Großen Berliner Pferde-Eisenbahn-Aktiengesellschaft hatte umfaßt:

a. die Haftpflichtsunfälle der Fahrgäste in vollem Umfange der Haftpflicht ursprünglich gegen 10 Pf. Prämie für je 1000 Fahrgäste, später nach Wegfall des Vorderperrongitterverschlusses um 50% Erhöhung, nämlich 15 Pf. für je 1000 Fahrgäste,

b. die Unfälle der Passanten gegen 1500 Mk. Jahresprämie mit der Einschränkung, daß für den einzelnen Unfall nicht mehr als 10000 Mk. und für sämmtliche des nämlichen Versicherungsjahres nicht mehr als 100000 Mk. gezahlt würden, ein entfallender Mehrbetrag also von der Gesellschaft selbst zu tragen sei,

c. Unfälle, bei denen gesetzlich Haftpflicht ausgeschlossen sei, aus Menschlichkeit indeß eine Schadloshaltung angezeigt erscheine, für den Einzelfall bis 3000 Mk., für die Gesammtjahresfälle bis 60000 Mk. gegen 747.65 Mk. Prämie.

Die Neue Berliner Pferdebahn-Gesellschaft hatte nur im Umfange zu a und b versichert. Die zu zahlende Prämie betrug 35 Pf. für 1000 Personen bis zum Wegfalle des Vorderperrongitterverschlusses, von wann ab sie um 389.55 Mk. Pauschale erhöht wurde, und 1500 Mk. Pauschale für die Unfälle zu b.

Die Fortsetzung der Versicherung über den 31. Dezember 1886 hinaus hatte die Versicherungsgesellschaft von einer namhaften Prämienerhöhung[2]) abhängig gemacht, die umsoweniger gerechtfertigt erschien, als inzwischen bekannt geworden war,[3]) daß ihrer in 6 Jahren aus 13 versicherten Betrieben mit 112166.84 Mk.

---

[1]) Für dieselbe wird im weiteren Verlaufe die Bezeichnung »Straßengänger« gebraucht werden.
[2]) Die gezahlten Prämien f. unten § 20 S. 53.
[3]) Mein Unfallsgefahrengesetz § 66 S. 223 ff.

erzielten Einnahme nur 28 297.66 Mk. Abfindung und der auf
12 294 Mk. zu veranschlagende Ablösungspreis für 2 Jahresrenten
von 1080 Mk. und 100 Mk. gegenüberstanden, sodaß 175% über
ihren Aufwand erzielt wurden. Deshalb gaben die beiden er=
wähnten Betriebe die Versicherung auf[4]) und verbanden sich vom
1. Januar 1887 ab zu einer Art Versicherungsgesellschaft auf
Gegenseitigkeit. Sie verpflichteten sich nämlich, jährlich diejenigen
Beträge, welche jeder von ihnen bei Fortsetzung der bestandenen
Versicherung zu den bisherigen Sätzen zu zahlen gehabt haben
würde, in eine gemeinsame Ansammlung (Unfall=Entschädigungs=
fonds) anzulegen, aus welcher die Unfälle beider Betriebe ab=
zufinden sind und in gleichem Verhältnisse (nämlich 76.18 : 23.82%)
für etwaige Fehlbeträge aufzukommen, während erzielte Ueberschüsse
unter sie nach gleichen Grundsätzen zu theilen seien.

Mit dem 31. Dezember 1896 hat das vorbeschriebene Ver=
fahren 10 Jahre bestanden, weshalb es sich lohnt, sein Ergebniß
nach den verschiedenen einschlagenden Gesichtspunkten zu beleuchten
und seinen Werth auf die Brauchbarkeit zu prüfen. Hierfür scheint
der gegebene Zeitpunkt umsomehr geeignet, als nicht allein durch
die begonnene Einführung des elektrischen Betriebes eine Veränderung
der Gefahrensgrenzen beim Pferdebetriebe gegenüber denkbar ist, son=
dern auch die durch Einführungsgesetz vom 18. August 1896 Art. 42
gestiegene Abfindungslast für die Frage Raum giebt, ob dieserhalb
eine Verstärkung der Jahresrücklagen am Platze sein sollte. Für
den Bericht erscheint eine Unfallstatistik der letzten 10 Jahre für
beide Betriebe unentbehrlich, die indeß auf die engsten Grenzen be=
schränkt zu bleiben hat

§ 3. Behandlungsweise.

Um die gestellte Aufgabe zweckmäßig zu erfüllen, wird zunächst
die Unfallsgefahr nach ihrer Höhe zu ermitteln, sodann ihr Ver=
hältniß zur Haftpflichtsgefahr festzustellen und erst in weiterem
Verfolge die Frage zu untersuchen sein, ob der eingeschlagene Weg

---

[4]) Zufolge meines Berichtes vom 26. Oktober 1886 in den Akten
U. 13 Bl. 13.

zum Abfinden der Haftansprüche als bewährt beizubehalten ist. Hierbei werden diejenigen Erwägungen nicht unberührt bleiben dürfen, welche durch die Veränderung in der bisherigen Unfalls= fürsorge= und Haftpflichtsgesetzgebung bevorstehen, nämlich durch die geplante Fassung des im November 1896 bei dem Reichstage bereits eingebrachten Unfallsfürsorge=Gesetzentwurfs § 98 beabsich= tigt und durch das Einführungsgesetz zum bürgerlichen Gesetzbuche vom 18. August 1896 Art. 42 in der Fassung des Haftpflichts= gesetzes vom 7. Juni 1871 bereits erlassen sind.

I. Die Unfallsgefahr.

§ 4. Im Allgemeinen.

Anlaß, Eintritt und Verlauf der Bahnunfälle werden durch mannigfache Nebenumstände mehr oder weniger beeinflußt, von denen namentlich die Fahrgeschwindigkeit, die Schnelligkeit der Zug= folge, die Zusammensetzung der Züge, die verwendete Triebkraft, die Bauart des Schienenweges und die Ueberwachung des Bahnkörpers hervorzuheben sind. Folgeweise ist die Unfallsgefahr bei den ver= schiedenen Gattungen von Bahnen (Voll=, Neben= und Klein= bahnen) sehr ungleich geartet. Hinsichtlich der Kleinbahnen macht es sogar schon einen wesentlichen Unterschied, ob sie auf einem ab= geschlossenen Bahnkörper betrieben werden, dessen Benutzung dem sonstigen Verkehre entzogen ist, oder ob ihr Schienenweg in den öffentlichen Straßenkörper eingelegt ist und ihre Fahrzeuge mitten im Straßenverkehre laufen. Letzterenfalls ist die Möglichkeit zu Un= fällen größer und vielseitiger, die Gestaltung derselben nach ihren Nebenumständen eigenartig und werden öfter Abfindungen nöthig.

Die beiden Betriebe, über welche berichtet wird, sind Straßen= bahnen im wahrsten Sinne des Wortes. Ihr Schienenweg liegt ausschließlich im öffentlichen Straßenkörper. Die Fäden ihres Bahnnetzes reichen in die verkehrsreichsten Straßen hinein und über die besuchtesten Plätze hinweg, ihre Betriebsfahrzeuge laufen mitten im lebhaftesten Straßengewühle, bisweilen in so schneller Auf= einanderfolge, daß eine größere Dichtigkeit kaum noch ausführbar erscheint. Dabei benutzen sie auf umfangreichen Strecken gegenseitig die Gleise des anderen.

Das Bahnnetz der Großen Berliner Pferde-Eisenbahn-Aktiengesellschaft wird überdies mehrfach durch die Gleise der drei anderen zum Betriebe zugelassenen Unternehmer gekreuzt. Auf kurzen Strecken findet dabei eine Mitbenutzung fremder Gleise bezw. Benutzung der eigenen durch fremde Bahnfahrzeuge statt.

Ein Bild der Verkehrsdichtigkeit liefern die S. 16 folgenden Ziffern über das Wachsthum der Fahrtenzahl, Fahrlängen, Beförderten und der Einnahmen innerhalb des Beobachtungszeitraumes.

Bei einem so dichten und umfangreichen Bahnbetriebe sind Unfälle unvermeidlich, zumal erfahrungsgemäß die Unvorsichtigkeit im Straßenverkehre durch Unterschätzen seiner Gefahren in den Großstädten zunimmt. Der Unternehmer ist darauf beschränkt, ihre Verminderung durch geeignete Vorkehrungen und Schutzmaßregeln anzustreben sowie auf Mittel zu sinnen, durch welche die Folgen fremder Leichtfertigkeit thunlichst verringert werden.[1])

Die verbreitete Annahme, daß der Straßenbahnverkehr gegenüber dem sonstigen Fahrverkehre erheblich öfter zu Unfällen führe, die noch dazu in ihren Folgen schwerer und verhängnißvoller seien, ist bereits durch meine früheren Arbeiten ziffermäßig widerlegt worden.[2]) Das Ergebniß der vorliegenden bestätigt von Neuem, daß die Zahl und Schwere der Unfälle gemeinüblich gewaltig überschätzt wird und daß die wirklich eingetretenen noch dazu überwiegend auf eine (bisweilen schon an das Unverständige grenzende) Leichtfertigkeit, Unvorsichtigkeit und Waghalsigkeit der Verunglückten oder ihrer Pfleger zurückzuführen sind. Die gemeldeten Unfälle vertheilen sich nämlich auf die einzelnen Jahre nach Fällezahl, Geschlecht, Alter, Rechtsverhältniß zum Unternehmer, Anlaß, Ausgang, Schuldbetheiligung, Beleuchtung, Monaten und auf die beiden Betriebe dahin:

---

[1]) Vergl. dagegen Urt. d. O.V.G. vom 28. Oktober 1896, wonach Genehmigungsbedingungen zulässig sind, durch welche der Betriebsunternehmer verpflichtet werden soll, für Freihaltung seines Schienenweges von Hindernissen zu sorgen.

[2]) Vergl. oben Anm. 2 zu § 1, S. 6.

	1887	1888	1889	1890	1891	1892	1893	1894	1895	1896	Im Ganzen
Fällezahl	944	1043	1027	1062	1265	1374	1169	1429	1654	1954	12921
männlich	557	595	626	618	721	776	671	777	939	1116	7396
weiblich	387	448	401	444	544	598	498	652	715	838	5525
Erwachsene	871	959	962	995	1163	1259	1084	1315	1539	1816	11963
Kinder	73	84	65	67	102	115	85	114	115	138	958
Fahrgäste	835	873	875	909	1121	1173	1010	1192	1356	1609	10953
Straßengänger	109	170	152	153	144	201	159	237	298	345	1968
Anlaß											
Absteigen	579	622	554	585	752	802	706	776	852	992	7220
Aufsteigen	156	161	164	201	216	263	194	255	308	376	2294
Herabfallen	61	49	75	68	75	63	44	87	121	109	752
Betreten der Gleise {Erwachsene	48	72	65	52	62	75	60	77	98	127	736
{Kinder	43	57	41	32	46	58	49	52	67	69	514
Fremde Fahrzeuge {Zusammenstoß	30	49	64	52	58	54	55	66	108	108	644
{anderweit	8	12	20	22	19	20	19	63	43	83	309
Eigene Fahrzeuge {Zusammenstoß	6	7	20	19	9	11	10	5	10	32	129
{anderweit	4	2	3	10	10	8	8	16	20	30	111
Sonstiges	9	12	21	21	18	20	24	32	27	28	212
Ausgang											
unverletzt	599	682	618	645	790	893	737	910	1030	1209	8113
leicht verletzt	292	322	356	380	422	427	376	445	548	664	4232
schwer verletzt	48	36	48	33	48	50	52	68	69	75	527
tödlich	5	3	5	4	5	4	4	6	7	6	49

— 13 —

Schulbeschäftigung											
Selbstthätigkeit	829	927	871	873	1115	1203	1002	1211	1431	1661	11123
Fremde Schuld	70	69	97	119	90	101	102	135	138	206	1127
Krankheit	6	8	18	24	14	21	15	32	34	35	207
ungewiß	39	39	41	46	46	49	50	51	51	52	464
Beleuchtung											
Tageslicht	648	693	689	676	829	943	774	942	1032	1249	8475
Abendbeleuchtung	296	350	338	386	436	431	395	487	622	705	4446
Vertheilt auf die Monate:											
Januar	63	76	70	81	73	94	60	96	97	154	864
Februar	60	68	58	87	104	84	83	96	104	135	879
März	70	77	100	90	124	124	86	105	132	126	1034
April	56	96	81	114	85	133	87	98	117	153	1020
Mai	86	82	86	84	116	120	94	117	177	163	1125
Juni	100	84	105	93	96	131	112	124	136	173	1154
Juli	84	89	83	70	106	116	117	130	127	161	1083
August	94	95	90	89	128	107	98	112	123	178	1114
September	76	88	95	85	92	130	99	131	133	181	1110
Oktober	89	109	119	97	108	133	124	152	166	197	1294
November	94	91	78	82	127	103	103	132	164	158	1132
Dezember	72	88	62	90	106	99	106	136	178	175	1112
Im Betriebe der											
Großen	893	945	946	937	1068	1177	1035	1309	1543	1822	11675
Neuen	51	98	81	125	197	197	134	120	111	132	1246
Erhobene Ansprüche	18	17	9	15	28	19	29	32	27	33	227

— 14 —

	1887	1888	1889	1890	1891	1892	1893	1894	1895	1896	Im Durchschnitt
Fällezahl	7,31	8,07	7,95	8,22	9,79	10,63	9,05	11,06	12,80	15,12	100,00
männlich	59,00	57,05	60,96	58,19	57,00	56,48	57,40	54,38	56,77	57,11	57,24
weiblich	41,00	42,96	39,05	41,81	43,00	43,52	42,60	45,62	43,23	42,89	42,76
Erwachsene	92,27	91,95	93,67	93,69	91,94	91,63	92,73	92,02	93,05	92,94	92,59
Kinder	7,73	8,05	6,33	6,31	8,06	8,37	7,27	7,98	6,95	7,06	7,41
Fahrgäste	88,46	83,70	85,20	85,59	88,62	85,37	86,40	83,41	81,98	82,34	84,76
Straßengänger	11,55	16,30	14,80	14,41	11,38	14,63	13,60	16,59	18,02	17,66	15,24
Anlaß											
Absteigen	61,33	59,64	53,94	55,08	59,46	58,37	60,39	54,30	51,61	50,77	55,88
Aufsteigen	16,53	15,44	15,97	18,93	17,08	19,14	16,80	17,84	18,62	19,24	17,76
Herabfallen	6,46	4,70	7,30	6,40	5,93	4,58	3,76	6,09	7,31	5,58	5,82
Betreten der Gleise { Erwachsene	5,09	6,90	6,33	4,90	4,90	5,46	5,13	5,39	5,93	6,50	5,70
Kinder	4,55	5,46	3,99	3,01	3,64	4,22	4,19	3,64	4,05	3,53	3,98
Fremde Fahrzeuge { Zusammenstoß	3,18	4,70	6,23	4,90	4,58	3,93	4,71	4,62	6,63	5,63	4,96
anderweit	0,85	1,15	1,95	2,07	1,50	1,46	1,63	4,41	2,80	4,26	2,39
Eigne Fahrzeuge { Zusammenstoß	0,64	0,67	1,95	1,79	0,71	0,80	0,86	0,35	0,61	1,64	1,00
anderweit	0,42	0,19	0,29	0,94	0,79	0,58	0,08	1,12	1,21	1,53	0,86
Sonstiger	0,95	1,15	2,05	1,98	1,42	1,46	2,06	2,24	1,63	1,43	1,64
Ausgang											
unverletzt	63,45	65,39	60,18	60,73	62,45	64,99	63,05	63,68	62,27	61,87	62,79
leicht verletzt	30,98	30,87	34,66	35,78	33,36	31,08	32,16	31,14	33,13	33,98	32,75
schwer verletzt	5,09	3,45	4,67	3,11	3,79	3,64	4,45	4,76	4,17	3,84	4,08
tödtlich	0,53	0,29	0,49	0,38	0,40	0,29	0,34	0,42	0,43	0,31	0,38

Schulbetheiligung											
Selbstthätigkeit	87.82	88.88	84.81	82.20	88.14	87.56	85.71	84.74	86.52	85.01	86.09
Fremde Schuld	7.41	6.62	9.45	11.21	7.11	7.36	8.73	9.45	8.34	10.54	8.72
Krankheit	0.64	0.76	1.75	2.26	1.11	1.63	1.28	2.24	2.06	1.79	1.60
ungewiß	4.13	3.74	3.99	4.33	3.64	3.57	4.28	3.57	3.08	2.66	3.59
Beleuchtung											
Tageslicht	68.04	66.44	67.09	63.65	65.53	68.63	66.21	65.92	62.39	63.92	65.59
Abendbeleuchtung	31.36	33.56	32.91	36.35	34.47	31.37	33.79	34.08	37.61	36.08	34.41
Vertheilt auf die Monate:											
Januar	6.67	7.29	6.82	7.63	5.77	6.84	5.13	6.72	5.98	7.88	6.69
Februar	6.36	6.52	5.65	8.19	8.22	6.11	7.10	6.72	6.29	6.91	6.80
März	7.41	7.38	9.74	8.48	9.80	9.02	7.36	7.35	7.98	6.45	8.00
April	5.93	9.20	7.89	10.73	6.72	9.68	7.44	6.86	7.07	7.83	7.89
Mai	9.11	7.86	8.57	7.91	9.17	8.73	8.04	8.19	10.70	8.54	8.71
Juni	10.59	8.05	10.22	8.76	7.59	9.53	9.56	8.68	8.22	8.85	8.93
Juli	8.90	8.63	8.08	6.59	8.38	8.44	10.01	9.09	7.68	8.24	8.36
August	9.96	9.11	8.76	8.38	10.12	7.79	8.38	7.83	7.44	9.11	8.62
September	8.06	8.44	9.25	8.00	7.27	9.46	8.47	9.17	8.04	9.26	8.69
Oktober	9.43	10.45	11.59	9.13	8.54	9.68	10.61	10.64	10.04	10.08	10.02
November	9.96	8.73	7.59	7.72	10.04	7.50	8.81	9.23	9.92	8.09	8.76
Dezember	7.63	8.44	6.04	8.48	8.38	7.22	9.07	9.52	10.76	8.96	8.61
Im Betriebe der											
Großen	94.60	90.60	92.11	88.22	84.43	85.64	88.56	91.61	93.29	93.24	90.36
Neuen	5.40	9.40	7.89	11.78	15.57	14.36	11.44	8.39	6.71	6.76	9.64
Größere Aufbrüche	1.91	1.63	0.88	1.41	2.19	1.38	2.48	2.24	1.63	1.69	1.76

— 16 —

Gegenüber zu stellen ist die Zahl der in den Jahren 1887 bis 1896 ermittelten

	Fahrten	Nutzkilometer	Personen	Einnahme
Große Berliner				
1887	3 363 722	18 988 779	94 300 000	11 489 206.50
1888	3 352 730	19 595 767	102 150 000	12 054 451.59
1889	3 581 656	21 939 779	114 400 000	13 398 569.82
1890	3 789 671	23 582 254	121 250 000	14 221 926.90
1891	3 896 376	24 489 305	124 800 000	14 614 880.42
1892	4 064 743	25 794 816	128 000 000	14 636 285.80
1893	4 087 720	26 042 809	130 100 000	14 855 993.26
1894	4 077 675	26 809 760	131 800 000	14 910 541.54
1895	3 988 587	28 527 124	138 900 000	15 560 806.23
1896	4 442 807	32 568 646	154 200 000	17 306 221.35
Beisammen ...	38 645 687	248 339 039	1 239 900 000	143 048 883.41
Neue Berliner				
1887	387 247	2 049 673	8 540 000	1 064 441.14
1888	455 982	2 494 979	10 210 000	1 245 423.44
1889	586 912	3 306 008	13 245 000	1 588 751.56
1890	605 997	3 570 635	14 076 000	1 625 000.55
1891	610 295	3 661 726	14 101 500	1 646 846.07
1892	632 671	3 720 508	13 700 000	1 561 238.81
1893	691 840	4 018 545	15 600 000	1 776 050.45
1894	711 237	4 387 475	17 100 000	1 921 206.98
1895	695 251	4 482 587	18 370 000	2 023 195.10
1896	752 039	5 223 742	21 825 000	2 391 458.26
Beisammen ...	6 129 471	36 915 878	146 767 500	16 843 612.36
Beide				
1887	3 750 969	21 038 452	102 840 000	12 553 647.64
1888	3 808 712	22 090 746	112 360 000	13 299 875.03
1889	4 168 568	25 245 787	127 645 000	14 987 321.38
1890	4 395 668	27 152 889	135 326 000	15 846 927.45
1891	4 506 671	28 151 031	138 901 500	16 261 726.49
1892	4 697 414	29 515 324	141 700 000	16 197 524.61
1893	4 779 560	30 061 354	145 700 000	16 632 043.71
1894	4 788 912	31 197 235	148 900 000	16 831 748.52
1895	4 683 838	33 009 711	157 270 000	17 584 001.33
1896	5 194 846	37 792 388	176 025 000	19 697 679.61
Beisammen ...	44 775 158	285 254 917	1 386 667 500	159 892 495.77
Davon 1896 im elektrischen Betriebe		2 177 730		

§ 5. Bewegung.

Zwar ist im Beobachtungszeitraume die Zahl der als Unfall gemeldeten

Personen . . . von 944 auf 1954 um 1010 = 106.90%,
Fahrgäste . . . von 835 auf 1609 um 774 = 95.09%,
Straßengänger von 109 auf 345 um 236 = 216.51%

gestiegen. Gleichwohl würde es verfehlt sein, hieraus auf eine erhebliche Zunahme oder gar die Verdoppelung der Unfallsgefahr zu schließen. Denn zunächst ist im gleichen Zeitraum die Zahl der Nutzkilometer von 21 038 452 auf 37 792 388 um 16 753 936 = 79.70%, und diese der Beförderten von 102 840 000 auf 176 025 000, also um 73 185 000 = 72.91% gewachsen, so daß 1896 entfallen je ein Fahrgast=Unfall auf 109 400 Beförderte, und ein Straßengänger=Unfall auf 109 400 Nutzkilometer gegen 123 130 bezw. 193 013 im betreffenden Vorjahre.

Außerdem hat das Verhältniß zwischen Unverletztgebliebenen und Verletzten eine wesentliche Veränderung erfahren. 1887 waren 599 = 63.44%, 1896 1209 = 61.36% als unverletzt gemeldet. Von den Verletzten des Jahres 1887 waren jedoch schon 48 = 13.90% schwer und 5 = 1.45% tödtlich betroffen, von diesen des Jahres 1896 dagegen nur 75 = 10.06% bezw. 6 = 0.80%.

Endlich hatte man es 1896 mit außergewöhnlichen Verhältnissen in Folge der Gewerbeausstellung zu thun, welche einen reichen Zufluß von Fremden gebracht hatte, die, zum großen Bruchtheile mit den Eigenthümlichkeiten und Gefahren des Straßenbahnverkehrs unvertraut, nicht selten ein Verhalten beobachtet haben, welches zu Unfällen führen mußte. Tritt dazu, daß der durch den Fremdenzufluß gesteigerte allgemeine Verkehr, die Freigabe der Straßen für Radfahrer, die Zulassung des elektrischen Betriebes in Verbindung mit dem Mitbewerbe eines zweiten Unternehmens in vielfacher Hinsicht besonders für Straßengänger verhängnißvoll werden konnte, so darf im Großen und Ganzen behauptet werden, daß es nicht allein zu keiner Zunahme der Unfallsgefahr, sondern weit eher zu deren Rückgange gekommen ist, soweit wenigstens die Schwere des Ausgangs in Frage kommt.¹) Während früher die verkehrsreichsten Straßen der Benutzung zum Radfahren entzogen waren, weshalb jede erlaubte Gelegenheit zur gegenseitigen Beeinträchtigung und Berührung für die Bahnbetriebe und die Radfahrer gefehlt hatte, ist durch die 1896 erfolgte Freigabe aller Straßen zum Radfahren die Rechts- und Sachlage wesentlich verändert worden. Seitdem sind 17 Unfälle von Radfahrern beim Befahren und Kreuzen der Gleise vor Bahnwagen und 20 weitere von Personen gezählt²), welche beim Ab- oder Aufsteigen durch Radfahrer an- oder umgefahren worden sind. Da der Radfahrsport unverkennbar seine volle Höhe noch nicht erreicht und mit seiner Entwickelung die Gelegenheit zu Betriebsunfällen wachsen wird, ist auf eine weitere Zunahme von Betriebsunfällen aus dem Radfahren zu rechnen. Denn wenn zwar erfahrungsgemäß mit der größeren Uebung die Gewandtheit im Fahren und Kaltblütigkeit gegenüber drohenden Gefahren steigen wird, wodurch in vermehrter Zahl gegen jetzt noch im letzten Augenblicke das drohende Ereigniß wird abgewendet werden können, so ist andererseits jedoch zu befürchten, daß Waghalsigkeit und Uebermuth gleichfalls zunehmen werden. Einen Anhalt dafür bietet die schon jetzt erfolgte Verurtheilung eines Radfahrers wegen fahrlässiger Bahngefährdung aus St.G.B. § 316.

§ 6. Unfälle der Fahrgäste.¹)

Insofern unter 1 386 667 500 Beförderten nur 10 953 Verunglückte und 3837 Verletzungen, (nämlich 25 töbtliche, 315 schwere und 3497 leichte) gezählt sind, ist die Unfallsgefahr gering und steht gegen diese anderer öffentlicher Verkehrsmittel nachweisbar erheblich zurück. Denn es entfallen danach:

---

¹) Hierzu vergl. die Uebersicht unten § 7 S. 22.
²) Unten § 9 S 27 und § 10 S. 29
¹) Betriebsunfälle § 12, S. 43 ff.; Haftpflicht § 20, S. 90 ff.; Unfalls-gefahrengesetz § 23 ff., S. 86 ff.

bei	von Fällen				je 1 auf beförderte Personen			
	ver-letzt	tödt-lich	schwer	leicht	Verletzter	Todesfall	schwer Verletzter	leicht Verletzter
Absteigen und Aufsteigen ..	2930	10	248	2672	473265	138666750	5591401	518962
VomWagen fallen	381	10	41	330	3639547	138666750	33821159	4202023
Einwirkung von Fahrzeugen ..	456	2	22	432	3040938	693333750	63030341	3209879
Sonstigen Ursachen	70	3	4	63	19809536	462222500	346666875	22010595
Zusammen	3837	25	315	3497	361394	55466700	4402119	396531

oder auf je eine Million Beförderte an Verletzungen:

Absteigen und Aufsteigen ..	—	—	—	—	2.113	0.007	0.179	1.927
VomWagen fallen	—	—	—	—	0.275	0.007	0.030	0.238
Einwirkung von Fahrzeugen ..	—	—	—	—	0.329	0.001	0.016	0.312
Sonstigen Ursachen	—	—	—	—	0.050	0.002	0.003	0.045
Zusammen	—	—	—	—	2.767	0.016	0.227	2.522

Uebrigens sind die Fahrgastunfälle überwiegend auf das eigene Verschulden der Verunglückten zurückzuführen, die im Vertrauen auf ihre Geschicklichkeit oder durch Unterschätzen der Gefahr Handlungen vornehmen, bei deren Mißlingen verhängnißvolle Folgen unausbleiblich sind. Von den 3837 Verletzungen sind nämlich nur 527 = 14,49% auf fremde Schuld und 86 = 2,25% auf Krankheitserscheinungen zurückzuführen, sobaß die übrigen 3224 = 83,26% als Folgen freier Selbstbestimmung anzusehen sind. Denn die ursprünglich nicht vollständig aufgeklärten und deshalb als ungewiß gezählten 187 Fälle werden auf Rechnung des eigenen Verschuldens zu setzen sein, weil andernfalls Ansprüche daraus kaum ausgeblieben sein würden. Ungewiß war nämlich nur, ob beim Mangel von Augenzeugen oder wegen unsicherer bezw. widersprechender Beobachtungen die Unterlagen ausgereicht hätten, um den Einwand des eigenen Verschuldens mit einem gewissen Wahrscheinlichkeitsgrade seines Gelingens zu erheben.

Bei der Eigenthümlichkeit, welche die einzelnen Anlässe für Fahrgastunfälle bieten, erscheint deren besondere Behandlung angethan.

Der muthmaßliche Einfluß des Ueberganges zum elektrischen Betriebe auf Gestaltung der Unfallsgefahr für Fahrgäste ist aus den bisherigen Beobachtungen schwer zu bestimmen. Während des beschränkten Gebrauches von Akkumulatoren im Betriebsjahre 1895 enthielten die Meldungen keine Angabe darüber, ob der Vorfall im elektrischen oder thierischen Betriebe eingetreten war. Seit Beginn des elektrischen Betriebes in 1896 ist diese Unterscheidung zwar ausführbar, weshalb festgestellt werden konnte, daß 17 Fälle des Absteigens, 14 des Aufsteigens, 5 des Herabfallens und 7 der Einwirkung fremder Fahrzeuge[2]) im elektrischen Betriebe vorgekommen sind; dagegen fehlen Zifferangaben darüber, wieviel Beförderte auf den elektrischen Betrieb entfallen sind, sodaß nicht zu ermitteln ist, ob der einzelne Fall auf eine größere oder geringere Personenzahl entfällt, als die durchschnittliche. Jedenfalls scheinen jedoch nach Schwere des Ausganges die Unfallsereignisse der Fahrgäste im elektrischen Betriebe gefährlicher als im Pferdebetriebe zu sein.[3])

§ 7. Unfälle der Straßengänger[1]).

Im Beobachtungszeitraume sind 1968 Unfälle mit 971 Verletzungen, nämlich 24 tödtlichen, 212 schweren und 735 leichten eingetreten. Daß der Straßenbahnverkehr in diesem Umfange Opfer an Leben und Gesundheit gefordert hat, ist zwar zu bedauern, darf gleichwohl aber noch nicht dahin führen, die Straßen-

---

[2]) Hier sind 3 Fälle noch nicht mitgezählt, welche Insassen von Pferdebahnwagen dadurch zugestoßen waren, daß letztere von elektrischen Fahrzeugen eines zweiten Unternehmers angefahren wurden. Sie sind als Beschädigungen durch Einwirkung fremder Fahrzeuge eingesetzt und mehr die Wirkung des Kreuzens oder der theilweisen Gleismitbenutzung durch zweite Unternehmer.
[3]) vgl. die Uebersicht § 7 S. 22.
[1]) Betriebsunfälle §§ 8, 12 S. 16, 48; Haftpflicht § 26 S. 106; Unfallsgefahrengesetz §§ 30—37 S 124—156.

bahnen als besonders gefährliche Fuhrwerksbetriebe zu bezeichnen. Würden gleich gewissenhafte, sorgfältige, vollständige und zuverlässige Beobachtungen aus dem Bereiche der sonstigen Fuhrwerksbetriebe vorliegen, so würden die durch sie im Berliner Straßengewühle gezeitigten Unfälle weit höhere Ziffern erreichen und würde der Nachweis zu erbringen sein, daß die Bahnbetriebe an Gefährlichkeit manchen anderweiten Fuhrbetrieben erheblich nachstehen, deren Werkthätige schlechter gelohnt und deshalb aus der Zahl der minder leistungsfähigen und mehr unzuverläffigen Personen entnommen zu werden pflegen. Wie oft werden nicht Schlafende oder stark Angetrunkene im Berliner Straßengewühle als Wagenführer beobachtet, wie oft sieht man Kutscher im eifrigen Gespräche mit Nebensitzenden, weshalb sie den Vorgängen auf der Straße keine Beachtung schenken.

Erwägt man, daß im Beobachtungszeitraume die Bahnfahrzeuge 285254917 Nutzkilometer durchlaufen haben, so schrumpfen die Unfallsziffern zu winzigen ein. Denn es entfallen danach von den vorgefallenen

	Verletzungen				auf zurückgelegte Nutzkilometer erst je 1			
	überhaupt	tödtlich	schwer	leicht	Verletzter	Todesfall	schwer Verletzter	leicht Verletzter
Betreten der Gleise	612	21	119	472	466103	13583567	2397100	604354
Einwirkung von Fahrzeugen . .	300	3	82	215	950850	95084972	3478719	1326767
Sonstige Ursachen	59	—	11	48	4834829	—	25932265	5942811
Zusammen	971	24	212	735	293774	11885622	1345542	388102
ober auf je eine Million Nutzkilometer:								
Betreten der Gleise	—	—	—	—	2.145	0.074	0.417	1.654
Einwirkung von Fahrzeugen . .	—	—	—	—	1.052	0.011	0.287	0.754
Sonstige Ursachen	—	—	—	—	0.205	—	0.037	0.168
Zusammen	—	—	—	—	3.405	0.085	0.743	2.577

Die Wirkung eines Ueberganges zum elektrischen Betriebe unter Aufgabe der Verwendung von Pferden als Zugförderungsmittel ist für die Unfälle der Straßengänger aus den bisherigen Beobachtungen nur unsicher vorher zu bestimmen. Zwar gewähren die 1896 im elektrischen Betriebe gezählten 90 Unfälle folgendes Bild:

	tödtlich		schwer		leicht		nicht		Beisammen
				verletzt					
	m.	w.	m.	w.	m.	w.	m.	w.	
Absteigen	—	—	—	—	5	2	4	6	17
Aufsteigen	—	—	1	2	2	—	8	1	14
Herabfallen	—	—	—	1	1	1	—	2	5
Betreten der Gleise { Erw.	2	—	1	1	9	2	4	1	20
{ Kinder	—	1	1	—	3	1	6	1	13
Einwirkung von { Straßeng.	—	—	1	—	4	1	7	1	14
Fahrzeugen { Fahrgäste	—	—	—	—	3	1	1	2	7
Ueberhaupt	2	1	4	4	27	8	30	14	90
Straßengänger	2	1	3	1	16	4	17	3	47
Fahrgäste	—	—	1	3	11	4	13	11	43

Danach entfallen 47 Unfälle hierher. Insofern nun bekannt ist, daß im elektrischen Betriebe 2 177 730 Nutzkilometer durchfahren sind, entfällt ein im elektrischen Betriebe Getödteter auf 725 910, Schwerverletzter auf 544 432, Leichtverletzter auf 188 865 Nutzkilometer gegen die obigen Ziffern im Gesammtbetriebe. Hiernach, und da im elektrischen Betriebe von den verletzten Straßengängern bereits 11.11% getödtet, 14.81% schwer und 74.08% leicht verletzt sind, denen die obigen Ziffern aus dem Gesammtbetriebe gegenüberstehen, dürfte allerdings die Unfallsgefahr nach Schwere des Verlaufs verhängnißvoller sein, als diese im Pferdebetriebe, wofern nicht auch dort die allgemeine Erfahrung zutrifft, daß mit der größeren Gewöhnung an das neue Verkehrsmittel Jeder sein eigenes Benehmen dessen Eigenthümlichkeiten mehr anpaßt.

Einen gewissen Schutz gegen die Gefahren durch Einwirkung fremder Fahrzeuge bietet die Rechtsprechung, welche für die Gefährdung elektrisch betriebener Straßenbahnen St.G.B. §§ 315,

316, 320 anwendbar erklärt, weshalb es 1896 bereits verschiedentlich zu Verurtheilungen gekommen ist, die überwiegend gegen die Führer fremder Fahrzeuge und nur vereinzelt gegen Führer von Bahnwagen gerichtet waren.

§ 8. Absteigen, Aufsteigen[1]) und Herabfallen.[2])

Auf diese drei Unfallsarten entfallen aus der Gesammtziffer mit 12921 bereits 10266 Fälle = 79.45%. Von ihr werden überdies ausschließlich Fahrgäste betroffen, sodaß von 10953 Fahrgastunfällen bloß 687 = 6.27% für andere Veranlassungen übrig bleiben. Ueberdies liegt in 9618 Fällen = 94.09% eigenes Verschulden vor, indem solches bei den 9514 durch Ab- und Aufsteigen Verunglückten höchstens in 170 = 1.79% Fällen, bei den 752 Herabgefallenen allerdings schon in 478 = 63.83% Fällen theils ausgeschlossen theils zweifelhaft war, weshalb nur in diesem Umfange der Einwand »eigenen Verschuldens« zur Entkräftung eines etwaigen Haftanspruches nicht hätte benutzt werden können, während allerdings in 16 bezw. 140 Fällen, welchen nachweisbar ein Krampf- oder Ohnmachtsanfall zu Grunde gelegen hat, der Einwand »höherer Gewalt« kaum versagt haben würde.

Das Bild dieser Gefahren liefern die beiden folgenden Uebersichten, welche einerseits die Unfälle beim Ab- und Aufsteigen zusammen und andererseits diese des Herabfallens allein darstellen. Weil der Wegfall des Verschlußgitters an der rechten Seite des Vorderperrons seinerzeit zu einer Erhöhung der Prämie Anlaß geworden war,[3]) schien die Trennung danach rathsam, an welchem Wagentheile der Vorgang eingetreten ist. Die gegebenen Ziffern lassen keinen Zweifel, daß die nämliche Handlung vom Vorderperron oder der Seite vorgenommen einen verhängnißvolleren Ausgang nimmt, wie vom Hinterperron aus. Für das Herabfallen war den näheren Umständen, unter denen es eingetreten ist, eine besondere Behandlung zu widmen.

---

[1]) Betriebsunfälle § 9a, S. 21; §§ 21, 36, S. 92, 147; Unfallsgefahrengesetz § 26, S. 96ff.
[2]) Betriebsunfälle § 9b, S. 23; Haftpflicht §§ 22, 23, S. 95, 100; Unfallsgefahrengesetz § 27, S. 101.
[3]) Oben § 2, S. 8.

Ab- und Aufsteigen		Zahl der Verunglückten			Ausgang der Verletzung							
					tödtlich		schwer		leicht		nicht	
								verletzt				
		m.	w.	Überhaupt	m.	w.	m.	w.	m.	w.	m	w.
Absteigen.												
Hinterperron	abf.	2546	3152	5698	—	—	40	45	745	820	1761	2287
	%	74.29	83.10	78.92	—	—	0.71	0.79	13.08	14.39	30.90	40.13
Vorderperron	abf.	730	312	1042	7	1	66	23	258	76	399	212
	%	21.30	8.23	14.43	0.67	0.10	6.34	2.21	24.76	7.29	38.29	20.34
Von der Seite	abf	151	329	480	—	—	4	3	65	82	82	244
	%	4.41	8.67	6.65	—	—	0.83	0.63	13.54	17.08	17.08	50.84
Zusammen	abf.	3427	3793	7220	7	1	110	71	1068	978	2242	2743
	%	71.28	80.00	75.89	0.10	0.01	1.52	0.98	14.80	13.55	31.05	37.99
Erhobene Ansprüche		19	15	34	1	—	12	8	6	7	—	—
Aufsteigen.												
Hinterperron	abf	963	824	1787	—	1	15	3	324	130	624	690
	%	69.74	90.25	77.90	—	0.05	0.84	0.17	18.13	7.28	34.92	38.61
Vorderperron	abf.	334	66	400	1	—	42	4	114	17	177	45
	%	24.18	7.23	17.44	0.25	—	10.50	1.00	28.50	4.25	44.25	11.25
Von der Seite	abf.	84	23	107	—	—	2	1	35	6	47	16
	%	6.08	2.52	4.66	—	—	1.87	0.93	32.71	5.61	43.93	14.95
Zusammen	abf.	1381	913	2294	1	1	59	8	473	153	848	751
	%	28.72	19.40	24.11	0.04	0.04	2.57	0.35	20.62	6.67	36.97	32.74
Erhobene Ansprüche		6	4	10	1	—	5	3	—	1	—	—
Beides.												
Hinterperron	abf.	3509	3976	7485	—	1	55	48	1069	950	2385	2977
	%	72.98	84.49	78.67	—	0.01	0.73	0.65	14.29	12.69	31.86	39.77
Vorderperron	abf.	1064	378	1442	8	1	108	27	372	93	576	257
	%	22.13	8.03	15.16	0.56	0.07	7.49	1.87	25.80	6.38	40.00	17.83
Von der Seite	abf.	235	352	587	—	—	6	4	100	88	129	260
	%	4.89	7.48	6.17	—	—	1.02	0.68	17.04	14.99	21.98	44.29
Zusammen	abf.	4808	4706	9514	8	2	169	79	1541	1131	3090	3494
	%	50.54	49.46	100	0.08	0.02	1.78	0.83	16.20	11.89	32.48	36.72
In der Gesammtzahl sind Kinder . . .		197	153	350	1	—	14	5	60	34	122	114
Fälle { fremderSchuld		41	95	136	—	—	3	—	12	28	26	63
Krankheits- . .		5	11	16	—	—	—	—	2	7	3	4
Ungewiß . . .		6	12	18	1	—	—	—	2	3	4	2	6

Herabfallen vom Wagen	tödtlich		schwer verletzt		leicht		nicht		Zusammen	
	abſ.	%	abſ.	%	abſ.	%	abſ.	%	abſ.	%
Ueberhaupt	10	1.33	41	5.45	330	43.88	371	49.34	[1])752	100.00
Hinterperron m.	4	1.13	14	3.95	158	44.63	178	50.29	354	47.06
w.	—	—	4	10.00	12	30.00	24	60.00	40	5.32
Vorderperron m.	6	2.07	21	7.24	136	46.90	127	43.79	290	38.56
w.	—	—	1	1.96	17	33.33	33	64.71	51	6.78
Von der Seite m.	—	—	1	7.69	4	30.77	8	61.54	13	1.73
w.	—	—	—	—	3	75.00	1	25.00	4	0.53
Darunter:										
fremder Schuld m.	1	1.37	6	8.22	32	43.84	34	46.57	73	9.71
w.	—	—	4	16.66	10	41.67	10	41.67	24	3.19
Fälle Krankheits- m.	4	3.25	7	5.69	53	43.09	59	47.97	123	16.36
w.	—	—	1	5.88	4	23.53	12	70.59	17	2.26
Ungewisse m.	3	1.41	10	4.69	103	48.36	97	45.54	213	28.33
w.	—	—	—	—	9	32.14	19	67.86	28	3.72
Rinder	—	—	1	8.33	4	33.33	7	58.34	12	1.60
Nähere Umstände:										
Platzwechsel	—	—	1	3.57	14	50.00	13	46.43	28	3.72
Durchfahren der Kurve	2	1.04	8	4.17	75	39.06	107	55.73	192	25.53
Entgleisung	—	—	3	15.79	10	52.63	6	31.58	19	2.53
Gewaltsames Bremsen	—	—	4	11.11	13	36.11	19	52.78	36	4.79
Verbotenes Verhalten	—	—	7	5.98	62	52.99	48	41.03	117	15.56
Trunkenheit	1	1.61	3	4.84	30	48.39	28	45.16	62	8.24
Ohnmachtsfälle	4	2.84	8	5.67	56	39.72	73	51.77	141	18.75
Gewaltthätigkeit Dritter	—	—	3	6.82	19	43.18	22	50.00	44	5.85
Anderweit	1	2.56	1	2.56	17	43.59	20	51.29	39	5.19
Unbestimmt	2	2.70	3	4.05	34	45.95	35	47.30	74	9.84
Erhobene Erſatzanſprüche	6	60.00	13	31.71	17	5.15	—	—	36	4.79

1) Darunter 5 im elektriſchen Betriebe, und zwar je 2 leicht und nicht, 1 ſchwer verletzt.

Während die Polizei 1885 das Offenhalten des rechten Gitters am Vorderperron vorgeſchrieben hat, verlangt ſie jetzt den Verſchluß der linken Seite des Hinterperrons an Wagen, welche durch Elektrizität befördert werden, um ſcheinbar das Abſteigen nach dem Nebengleiſe zu verhindern. Die Erſprießlichkeit dieſer Maßregel iſt mindestens zweifelhaft. Einmal hindert sie Personen, von der linken Seite den Hinterperron zu besteigen und sich bei Gefährdung auf denselben zu retten. Sodann schneidet sie, solange auf dem nämlichen Gleise Züge durch Pferde und durch Elektrizität befördert werden, ohne gleichen Gitterverschluß für Pferdebahnwagen zu verlangen, niemandem ab, von letzterem auf das Nebengleise unmittelbar vor elektrische Züge abzuspringen. In weiterem Umfange den Gitterverschluß zu fordern, würde das Entleeren oder Füllen der Fahrzeuge an den Haltestellen außerordentlich verzögern und folgeweise entweder zur Verlängerung der Fahrzeit oder Erhöhung der Fahrgeschwindigkeit führen müssen.

§ 9. Betreten der Gleise.[1]

Von den hier gezählten 1250 Unfällen haben nur 612 zu Verletzungen geführt. Auffallend ist die große Anzahl der betroffenen Kinder mit 514 = 41.12 %, obschon sogar nur solche im schulpflichtigen Alter gerechnet sind.

Mitgezählt sind Radfahrer, welche beim Befahren oder Kreuzen der Gleise vom Unfalle betroffen wurden, und Fahrgäste, welche von der linken Seite nach dem Nebengleise abgesprungen und so unter begegnende Wagen gerathen sind.

Bei der großen Bedeutung, welche gerade diese Art von Unfällen nach Schwere des Ausganges für die Betriebsunternehmer und in ihrem Einflusse auf die allgemeine Verkehrssicherheit für die Polizei haben muß, schien es angezeigt, auf die näheren Umstände der Ereignisse einzugehen, zumal allgemein diese Unfallsgefahr sogar noch erheblich überschätzt wird. In 909 = 72.72 % Fällen gelang die Ermittelung des Beweggrundes nicht, aus welchem die Betroffenen die Straße gekreuzt haben, wenn schon in überwiegender Mehrzahl bei Erwachsenen die Besorgung von Geschäften, bei Kindern der Zeitvertreib den Anlaß für die vorgenommene Ortsveränderung abgegeben zu haben scheint. Das Bild dieser Unfallsart stellt sich dahin:

---

[1] Betriebsunfälle §§ 8b, 13 S. 16, 57; Haftpflicht §§ 26, 27 S. 106 ff., 160 ff.; Unfallsgefahrengesetz § 33 S. 132 ff.

— 27 —

Betreten der Gleise	tödtlich		schwer verletzt		leicht		nicht		Zusammen	
	abf.	%	abf.	%	abf.	%	abf.	%	abf.	%
Ueberhaupt.	21	1.68	119	9.52	472	37.76	638	51.04	1250	100.00
Erwachsene { m.	10	1.81	49	8.86	217	39.24	277	50.09	553	44.24
{ w.	2	1.09	17	9.29	64	34.97	100	54.65	183	14.64
Kinder { m	7	2.01	37	10.63	131	37.65	173	49.71	348	27.84
{ w.	2	1.21	16	9.64	60	36.14	88	53.01	166	13.28
Schuldbetheiligung.										
Selbstthätigkeit:										
Erwachsene	12	1.69	63	8.85	274	38.48	363	50.98	712	56.96
Kinder	6	1.64	42	11.51	125	34.25	192	52.60	365	29.20
Fremdes Verschulden:										
Erwachsene	—	—	1	11.11	2	22.22	6	66.67	9	0.72
Kinder	1	1.85	4	7.41	24	44.44	25	46.30	54	4.32
Krankheit	—	—	1	10.—	3	30.00	6	60.00	10	0.80
Ungewiß:										
Erwachsene	—	—	1	14.28	3	42.86	3	42.86	7	0.56
Kinder	2	2.15	7	7.53	41	44.08	43	46.24	93	7.44
Beleuchtungs-Verhältnisse.										
Tageslicht { Erw.	7	1.99	25	7.12	130	37.04	189	53.85	351	28.08
{ Kinder	8	2.01	32	8.04	165	41.45	193	48.50	398	31.84
Abendbeleuchtung { Erw.	5	1.30	41	10.65	151	39.22	188	48.83	385	30.80
{ Kinder	1	0.86	21	18.10	26	22.42	68	58.62	116	9.28
Nähere Umstände.										
Ab- und Aufsteigen	¹)1	1.15	8	9.20	¹)40	45.98	²)38	43.67	³) 87	6.96
Spielen	3	2.83	17	16.04	48	45.28	38	35.85	106	8.48
Geschäftsverrichtung { Erw.	—	—	3	6.67	17	37.77	25	55.56	45	3.60
{ Kinder	—	—	—	—	2	25.00	6	75.00	8	0.64
Kreuzen der Straße { Erw.	9	1.66	46	8.49	198	36.53	289	53.32	542	43.36
{ Kinder	5	1.36	30	8.18	129	35.15	203	55.31	367	29.36
Fahrräder	—	—	¹) 1	5.88	9	52.94	7	41.18	¹) 17	1.36
Fremde Gewaltthätigkeit	—	—	⁴) 6	27.27	⁴) 6	27.27	10	45.46	⁵) 22	1.76
Selbstmord	3	25.00	1	8.34	4	33.33	4	33.33	12	0.96
Unbestimmt { Erw.	—	—	7	19.45	13	36.11	16	44.44	36	2.88
{ Kinder	—	—	—	—	6	75.00	2	25.00	8	0.64
Erhobene Ersatzansprüche.										
Erwachsene	6	50.00	10	15.15	10	3.56	—	—	26	3.53
Kinder	4	44.44	17	32.08	6	3.14	—	—	27	5.25

1) Darunter je 1 Kind. — 2) Darunter 2 Kinder. — 3) Darunter 4 Kinder. — 4) Darunter nur je
1 Erwachsener. — 5) Darunter nur 2 Erwachsene.

Nachstehend wird versucht die Art der Verletzung festzustellen, was für die Polizei oder die Heilkunde Werth haben dürfte.

Betreten der Gleise. Art der Verletzung beim	tödtlich	schwer	leicht	Zusammen	
		verletzt		abs.	%
Ueberhaupt	21	119	472	612	100.00
Kopf	4	17	123	144	23.53
Gesicht	—	1	126	127	20.75
Auge	—	2	8	10	1.63
Aeußere anderweit	—	6	34	40	6.54
Seite oder Rücken	—	4	14	18	2.94
Bein oder Fuß	6	48	59	113	18.46
Arm oder Hand	3	15	42	60	9.80
Unbestimmt	5	6	23	34	5.56
Kopf und Arm	—	4	27	31	5.07
Kopf und Bein	2	4	14	19	3.11
Innere Körpertheile	1	12	2	16	2.61

Mehr als die Hälfte der Betroffenen ist unversehrt geblieben, was einerseits der Aufmerksamkeit und Gewandtheit der Fahrer, die noch im letzten Augenblicke ihre Fahrzeuge zum Stehen zu bringen vermocht haben, andererseits den zweckmäßigen Brems- und Schutzvorrichtungen zuzuschreiben ist, mit denen die Bahnfahrzeuge ausgestattet sind. Nur höchst vereinzelt ist Anklage wegen fahrlässiger Körperverletzung erhoben; fast ausnahmslos erfolgte auf Grund der von mir persönlich geführten Vertheidigung Freisprechung.

In 10 Fällen wurden Personen beim Gleiskreuzen von Krämpfen befallen, 54 Kinder wurden theils von ihren Pflegern losgelassen, als letztere sich beim Gleiskreuzen durch nahende Bahnwagen bedroht sahen und an eigene Rettung dachten, theils von Spielgenossen auf die Gleise hingeworfen. Nicht minder waren 9 Erwachsene bei Raufereien mit Anderen auf die Gleise gerathen. Jedenfalls lag in 1077 = 86.16% Fällen eine selbstthätige Handlung der Betroffenen als Anlaß zum Unfalle vor, bezüglich deren es vielfach indeß zweifelhaft geblieben ist, ob sie willensfrei war, um als »Verschuldung« behandelt werden zu können, weshalb vorgezogen worden ist, die Unterscheidung nach eigenem Verschulden wegfallen zu lassen. Die meisten Unfälle dieser Art entfallen übrigens nicht etwa auf besonders verkehrreiche Straßen, sondern auf die schwächer belebten, oder auf solche mit breiten Promenaden in der Mitte, die als Spielplatz der Kinder und Erholungsort für deren Pflegerinnen zu dienen pflegen.

§ 10. Einwirkung von Fahrzeugen.[1])

Die Einwirkung von Fahrzeugen kann ebensogut Fahrgästen wie Straßengängern verhängnißvoll werden, ausschließlich von Bahnfahrzeugen oder von anderweitem Fuhrwerk ausgehen.

Von den 1193 gezählten Unfällen entfallen $580 = 48.62\%$ auf Fahrgäste und $613 = 51.38\%$ auf Straßengänger, sodaß das Betheiligungsverhältniß beider ziemlich gleich ist. Fremde Fahrzeuge haben $953 = 79.88\%$, eigene nur $240 = 20.12\%$ Unfälle gezeitigt, wobei noch dazu hierher die Fälle gezählt sind, in denen von zwei zusammengestoßenen Bahnfahrzeugen der eine einem anderen Betriebe angehört hatte.

Unter den einwirkenden fremden Fahrzeugen stellen den geringeren Bruchtheil die Personenfahrzeuge mit $332 = 34.94\%$ her, die wieder überwiegend der Unterhaltung des öffentlichen Verkehrs dienen. Denn 197 Droschken, 47 Omnibussen, 3 elektrischen und 1 Dampfstraßenbahnwagen stehen nur 55 Privatfahrzeuge und 20 Fahrräder gegenüber, während in 9 Fällen Kremser, die bekanntlich bald dem öffentlichen bald dem Privatverkehre dienen, betheiligt gewesen sind.

Von den zur Güterbeförderung bestimmten $621 = 65.06\%$ Fahrzeugen stehen die Lastfahrzeuge obenan, nämlich 108 Roll-, 107 Müll- und Steinwagen, 94 Last-, 45 Möbel-, 41 Faßbierwagen. Hierzu treten 1 Montagewagen der Elektrizitätswerke, 3 Feuerwehr-, 2 Sprengwagen und 2 Straßensegemaschinen. Dies ergiebt $403 = 64.96\%$. Den leichten Fahrzeugen sind 126 Geschäftswagen verschiedener Zweckbestimmung (z. B. Flaschenbier-, Brod-, Milch- und Schlächter-), sowie 60 Hand- und 9 Hundewagen zugerechnet, weshalb sie $195 = 31.40\%$ ausmachen. Es verbleiben noch 13 Packetwagen der Reichs- und Privatpost und 10 Güterfahrzeuge unbestimmter Gattung.

Die Uebersicht der hierher fallenden Unfälle zeigt Folgendes:

---

[1]) Betriebsunfälle § 9c, S. 27; Haftpflicht §§ 24, 30—32, 40, 45, S. 102, 119 ff., 165, 183; Unfallsgefahrengesetz §§ 28, 36, S. 115 ff., 149 ff.

— 30 —

Einwirkung von Fahrzeugen	tödtlich		schwer		leicht		nicht verletzt		Zusammen	
	abf.	%	abf.	%	abf.	%	abf.	%	abf.	%
Fällezahl.										
Ueberhaupt	5	0.42	104	8.72	647	54.24	437	36.02	1193	100.00
Männlich	4	0.46	70	8.01	465	53.20	335	38.33	874	73.26
Weiblich	1	0.31	34	10.66	182	57.06	102	31.97	319	26.74
Fahrgäste	2	0.34	22	3.79	432	74.49	124	21.38	580	48.62
Straßengänger	3	0.49	82	13.38	215	35.07	313	51.06	613	51.38
Schuldbetheiligung.										
Selbstthätigkeit m.	2	0.67	27	9.00	103	34.33	168	56.00	300	25.14
w.	—	—	6	23.08	12	46.15	8	30.77	26	2.19
Fahrgäste	—	—	—	—	14	73.68	5	26.32	19	1.59
Straßengänger	2	0.65	33	10.75	101	32.90	171	55.70	307	25.73
Frembes Verschulden m.	2	0.38	38	7.28	326	62.45	156	29.89	522	43.75
w.	—	—	25	9.47	153	57.95	86	32.58	264	22.13
Fahrgäste	2	0.39	22	4.28	377	73.35	113	21.98	514	43.09
Straßengänger	—	—	41	15.07	102	37.50	129	47.43	272	22.80
Anderweit m.	—	—	5	9.02	36	69.23	11	21.15	52	4.36
w.	1	3.45	3	10.34	17	58.62	8	27.59	29	2.43
Fahrgäste	—	—	—	—	41	87.23	6	12.77	47	3.94
Straßengänger	1	2.94	8	23.53	12	35.29	13	38.24	34	2.85
Unfallsart.										
Durch Zusammenfahren										
von 2 Bahnwagen m.	—	—	1	1.02	78	79.59	19	19.39	98	8.21
w.	—	—	1	3.22	25	80.65	5	16.13	31	2.60
Fahrgäste	—	—	2	1.56	102	79.69	24	18.75	128	10.73
Straßengänger	—	—	—	—	1	100.00	—	—	1	0.08
mit fremden Wagen m.	3	0.56	37	6.97	254	47.84	237	44.63	531	44.51
w.	—	—	5	4.43	73	64.60	35	30.97	113	9.47
Fahrgäste	2	0.65	17	5.48	224	72.26	67	21.61	310	25.99
Straßengänger	1	0.30	25	7.48	103	30.84	205	61.38	334	28.00
Anderweit:										
durch Bahnwagen m.	—	—	6	6.97	63	73.26	17	19.77	86	7.21
w.	—	—	2	8.00	18	72.00	5	20.00	25	2.10
Fahrgäste	—	—	1	1.27	66	83.55	12	15.18	79	6.62
Straßengänger	—	—	7	21.88	15	46.87	10	31.25	32	2.68
durch frembe Wagen m.	1	0.63	26	16.35	70	44.02	62	39.00	159	13.33
w.	1	0.67	26	17.33	66	44.00	57	38.00	150	12.57
Fahrgäste	—	—	2	3.17	40	63.49	21	33.34	63	5.28
Straßengänger	2	0.81	50	20.33	96	39.03	98	39.83	246	20.62
Beleuchtung.										
Tageslicht	1	0.13	67	8.48	422	53.42	300	37.97	790	66.22
Abendlicht	4	0.99	37	9.18	225	55.83	137	34.00	403	33.78
Ansprüche der Fahrgäste	1	50.00	14	63.64	64	15.05	—	—	80	13.79
Straßeng.	—	—	4	4.88	2	0.93	—	—	6	0.98

§ 11. Vermischte Ursachen.[1])

212 bisher noch nicht behandelte Unfälle sind hier in nachstehendem Bilde zusammengestellt:

Sonstige Ursachen	tödtlich		schwer		leicht		nicht		Zusammen	
			verletzt							
	abs.	%	abs.	%	abs.	%	abs.	%	abs.	%
Fällezahl:										
Ueberhaupt	3	1.41	15	7.08	111	52.36	83	39.15	212	100.00
Männlich	2	1.28	13	8.33	86	55.13	55	35.26	156	73.58
Weiblich	1	1.79	2	3.57	25	44.64	28	50.00	56	26.42
Fahrgäste	3	2.80	4	3.74	63	58.88	37	34.58	107	50.47
Straßengänger	—	—	11	10.48	48	45.71	46	43.81	105	49.53
Schuldbetheiligung:										
Eigenes Verschulden	—	—	10	9.80	54	52.94	38	37.26	102	48.11
Fahrgäste	—	—	1	3.33	24	80.00	5	16.67	30	14.15
Straßengänger	—	—	9	12.50	30	41.07	33	45.83	72	33.97
Fremdes Verschulden	—	—	3	6.67	32	71.11	10	22.22	45	21.23
Fahrgäste	—	—	1	3.57	25	89.29	2	7.14	28	13.21
Straßengänger	—	—	2	11.76	7	41.18	8	47.06	17	8.02
Krankheit	3	7.32	1	2.44	6	14.63	31	75.61	41	19.34
Fahrgäste	3	8.57	1	2.86	4	11.43	27	77.14	35	16.51
Straßengänger	—	—	—	—	2	33.33	4	66.67	6	2.83
Ungewiß	—	—	1	4.17	19	79.17	4	16.66	24	11.32
Fahrgäste	—	—	1	7.14	10	71.43	3	21.43	14	6.60
Straßengänger	—	—	—	—	9	90.00	1	10.00	10	4.71
Erhobene Ansprüche:										
Fahrgäste	—	—	1	25.00	4	6.35	—	—	5	4.67
Straßengänger	—	—	—	—	3	6.25	—	—	3	2.86

Betroffen durch dieselben sind 107 Fahrgäste und 105 Straßengänger. Die Unfälle der ersteren vertheilen sich auf Einklemmen durch Zuschieben der Wagenthür 3, Ueberschütten mit Glassplitter eingeworfener oder eingedrückter Wagenscheiben 17, Hinfallen im Wagen infolge verlorenen Gleichgewichts 24[2]), Pferde-

---

[1]) Unfallsgefahrengesetz §§ 29, 37 S. 121 ff., 153 ff.
[2]) Darunter 2 Betrunkene.

schlag oder Biß beim Stehen auf dem Vorderperron 5, Hundebiß 2, Schlag durch die Bremse 4 (darunter 2 Kinder, welche mit derselben spielten), Gewaltthätigkeiten durch Mitfahrgäste, Werkthätige und von außen her 8, Einwirkung der Wagenlampen 5, Löschversuche 2. Außerdem verstarben 3 an Schlaganfall, und wurden 34 von Ohnmachten oder Krämpfen befallen. Von den Straßengängern verunglückten beim Andrängen zum Aufsteigen 2, Hilfeleisten zum Auf- und Absteigen 4, bei verschiedenen Verrichtungen an den Wagen 6³), beim Sitzen neben den Schienen 2, Sturz mit ihrem Pferde 8, Hängenbleiben an den Schienen 7⁴), Vorübergehen durch Pferdeschlag oder Biß 7, Festhalten an der Perronlehne 8 (darunter 4 Kinder aus Spielerei), Umkippen von Kinderwagen 2, Laufen neben und hinter dem Wagen 45 (davon 3 durch fremde Wagen herangestoßen), durch Gewaltthätigkeiten Fremder 6, beim Ueberschreiten der Gleise durch Krampfanfälle 6: außerdem blieb einer mit seiner Peitsche am Bahnwagen hängen, wodurch er von dem eigenen herabgezogen wurde, und verwickelte sich ein anderer in die Pferdestränge.

§ 12. Trunkenheit.¹)

Nach geltendem Polizeirechte²) sollen Pferdebahnschaffner und dürfen die Schaffner im elektrischen Betriebe Betrunkenen die Mitfahrt verweigern. Gleichwohl ist des Abends bei regem Verkehre deren Mitnahme nicht zu vermeiden, wofern es nicht zu übermäßigem Aufenthalte an den Haltestellen, unliebsamen Erörterungen oder Handgreiflichkeiten kommen soll, weil erfahrungsgemäß Betrunkene ein starkes Beharrungsvermögen entwickeln. Ueberdies waren schon mehrfach Anklagen gegen Schaffner bald wegen Körperverletzung, bald wegen groben Unfugs erhoben, weil sie entweder Betrunkene, denen sie die Mitfahrt verweigert hatten, am Festhalten der Perronlehne hinderten, wodurch dieselben hinfielen, oder weil

---

³) Darunter 1 Betrunkener.
⁴) Unfall durch die Anlage, aber nicht durch den Betrieb.
¹) Haftpflicht § 36 S. 150; Unfallsgefahrengesetz § 48 S. 177; Straßenbahnkunde § 82 Anm. 47 Bd. I S. 247. Vergl. unten § 16 S. 42.
²) Pol.-Ver. vom 27. Mai 1865 § 22, 11. Juli 1896 § 11; übrigens gemeinüblich, nach Straßenbahnkunde § 36 Anm. 7, Bd. I S. 89.

sie Jemanden für betrunken erklärt hatten, der nur angeheitert gewesen sein wollte. Sie haben ausnahmslos infolge meiner Vertheidigung mit Freisprechung geendet. Derartige Anklagen verfehlen jedoch den Zweck, die Schaffner zu strenger Zurückweisung von Leuten zu veranlassen, die ihnen nicht ganz nüchtern zu sein scheinen. Daher kommen unter den Fahrgastunfällen in nicht unbeträchtlicher Zahl solche vor, in denen Trunkenheit als nächster Anlaß anzusehen ist.

Noch ohnmächtiger steht der Betriebsunternehmer Betrunkenen gegenüber, welche theils zu Fuß, theils als Führer fremder Fahrzeuge im Straßengewühle verkehren und durch ihre Trunkenheit den Anlaß zu eigenen oder fremden Unfällen geben können. In großer Fällezahl sind die Unfälle durch Einwirkung fremder Fahrzeuge auf Trunkenheit der Wagenlenker zurückzuführen, die dieserhalb nicht selten bestraft worden sind.

Ziffermäßig kann jedoch nur der Umfang festgestellt werden, in welchem eigene Trunkenheit der Verunglückten unverkennbar bestanden und mitgewirkt hat, wobei noch dazu die Fälle ungezählt geblieben sind, in denen über den Zustand völliger Trunkenheit sicherer Beweis nicht zu erbringen war.[1])

Trunkenheit	tödtlich	schwer	leicht	nicht	Zusammen	
		verletzt			abs.	in % der betr. Unfallsereignisse
Ueberhaupt	3	33	104	146	286	2.21
Ab- und Aufsteigen	—	11	28	54	93	0.98
Herabfallen vom Wagen	1	3	30	28	62	8.24
Betreten der Gleise	2	14	38	53	107	8.56
Einwirkung von fremde	—	3	2	3	8	0.84
Fahrzeugen / eigene	—	—	1	—	1	0.42
Sonstige Ursachen	—	2	5	8	15	7.08
Fahrgäste	1	14	62	83	160	1.47
Straßengänger	2	19	42	63	126	6.40

[1]) Vergl. unten § 16 S. 42. Nach der Berufung in Sachen Burgsdorf genügt trotz Str.Pol.Regl. vom 7. April 1867 § 15 mit A.L.R. I 6 § 26 zum Rückgriff an den Dienstgeber der Beweis noch nicht, daß sein Kutscher betrunken war und zum Trunke neigt.

§ 13. Kinder.[1]

Eine besondere Beobachtung verdienen die in der Unfallsziffer enthaltenen Kinder, weil bekanntlich nach Landrecht[2] solchen im Alter unter 7 Jahren ihre That zur Verschuldung nicht angerechnet werden darf, weshalb sie für deren wirthschaftlichen Nachtheile nicht verantwortlich sind, was übrigens unter der Herrschaft des bürgerlichen Gesetzbuches[3] keine Aenderung erfahren wird. Das geltende Polizeirecht trägt dieser Rechtslage leider nicht genügend Rechnung. Jedenfalls darf bei dem zwingenden Verbote der Pol.-Ver. vom 27. Mai 1865 § 22 die Beförderung von Kindern unter 7 Jahren auf Pferdebahnen nicht etwa an die Bedingung geknüpft werden, daß sie sich in Begleitung Erwachsener befinden, und ist sogar zweifelhaft, ob Schülerabonnements Kindern unter 7 Jahren versagt werden dürfen, während dem Unternehmer elektrischer Betriebe die gleiche Bedingung zu stellen und Zeitkarten zu verweigern unverwehrt, er also unverkennbar besser gestellt ist.[4] Dabei sind nach Zahl und Schwere die Unfälle der Kinder nicht zu unterschätzen. Sie werden nicht selten durch die Leichtfertigkeit derjenigen veranlaßt, in deren Obhut sie gerade stehen, indem man mit Kindern auf dem Arme im Fahren auf- oder absteigt, sie auf die gefährlicheren Plätze des Perrons und der Decksitze mitnimmt, mit ihnen unmittelbar vor nahenden Bahnwagen die Straße kreuzt, um sie dann aus Schreck auf eigene Rettung bedacht von der Hand los oder vom Arme fallen zu lassen und ähnliche grobe Unvorsichtigkeiten begeht. Diese Unfallsgefahr zeigt folgendes Bild, wobei dem Umstande Rechnung getragen wird, inwieweit die Unfälle zu Zeiten eingetreten sind, welche nach der Verkehrssitte zu häuslichen Verrichtungen gebraucht werden, sobaß sie zur Aufsicht nicht verfügbar sind.

---

[1] Unfallsgefahrengesetz §§ 47, 100 S. 171 ff., 330; Straßenbahnkunde § 82 Bd. I S. 246.
[2] A.L.R. I 6 § 41.
[3] Bürg. G.B. vom 18. August 1896 § 828.
[4] Dies folgt aus der Fassung der Pol.-Ver. v. 1. Juli 1896 §§ 11, 12, wie ich in der Straßen- und Kleinbahn-Zeitung 1896 S. 782 nachgewiesen habe, wozu Zeitschrift für Kleinbahnen IV (1897) S. 154 zu vergleichen ist.

Kinder	Ab- und Auf- steigen	Vom Wagen fallen	Betreten der Gleise	Ein- wirkung von Fahr- zeugen	Sonstige Ursachen	Zusammen abs.	%
über 7 Jahre							
Ueberhaupt	257	6	249	23	8	543	100.00
1. Verletzung							
tödtlich	1	—	2	—	—	3	0.55
schwer	18	1	30	3	2	54	9.95
leicht	75	1	90	14	4	184	33.88
nicht	163	4	127	6	2	302	55.62
2. Schuldbetheiligung							
selbstthätig	254	—	230	11	5	500	92.08
hineinstoßen	—	1	12	—	—	13	2.39
anderweit	3	5	7	12	3	30	5.53
3. Unfallszeit							
vor 8 Uhr	29	—	8	1	—	38	7.00
8—10 »	20	—	8	1	1	30	5.53
10—12 »	33	2	27	3	1	66	12.16
12— 2 »	68	1	27	3	3	102	18.78
2— 4 »	25	3	47	3	2	80	14.73
4— 6 »	40	—	55	2	1	98	18.05
nach 6 »	42	—	77	10	—	129	23.75
unter 7 Jahre							
Ueberhaupt	93	6	265	44	7	415	100.00
1. Verletzung							
tödtlich	—	—	7	—	—	7	1.69
schwer	1	—	23	2	—	26	6.26
leicht	19	3	101	24	4	151	36.39
nicht	73	3	134	18	3	231	55.66
2. Schuldbetheiligung							
selbstthätig	14	—	135	2	3	154	37.11
los- bezw. Fallenlassen	71	1	32	1	1	106	25.54
hineinstoßen	2	3	2	1	—	8	1.93
anderweit	6	2	96	40	3	147	35.42
3. Unfallszeit							
vor 8 Uhr	3	—	—	—	—	3	0.72
8—10 »	7	1	16	5	2	31	7.47
10—12 »	5	1	29	4	2	41	9.88
12— 2 »	15	—	48	7	—	70	16.87
2— 4 »	13	1	50	6	1	71	17.11
4— 6 »	18	2	58	8	—	86	20.72
nach 6 »	32	1	64	14	2	113	27.23
Beide zusammen	350	12	514	67	15	958	

II. Die Haftpflichtsgefahr.

§ 14. Allgemeine Uebersicht.

Bei 12 921 Unfällen, 4759 Verletzungen und 49 Todesfällen haben bis zum 1. Januar 1897 nur 227 = 1.76% der Unfälle zu Haftansprüchen unter nachfolgenden Nebenumständen geführt[1]):

	tödtlich	schwer	leicht	Selbst-thät.	fremde Schuld	Krankheit	Un-gewiß	Zus.
Ueberhaupt	19	87	121	87	87	1	48	227
Anlaß								
Absteigen	1	20	13	30	3	—	1	34
Aufsteigen	1	8	1	10	—	—	—	10
Herabfallen	6	13	17	4	3	1	28	36
Betreten der Erw.	6	10	10	24	—	—	1	26
Gleise Kinder	4	17	6	14	3	—	7	27
Fahrzeuge fremde	1	16	41	1	54	—	3	58
Bahn-	—	2	26	3	22	—	3	28
Sonstiger	—	1	7	1	2	—	5	8
Die Betroffenen waren								
Fahrgäste	9	56	100	45	75	1	37	165
Straßengänger	10	31	21	42	6	—	10	62
männlich	18	64	86	64	57	1	37	168
weiblich	1	23	35	23	24	—	10	59
Erwachsene	14	67	115	70	77	1	40	196
Kinder über 7 Jahren	1	12	2	11	2	—	—	15
Kinder unter 7 Jahren	4	8	4	6	2	—	7	16

Im 10jährigen Durchschnitt entfällt bei den Fahrgastunfällen je ein Anspruch wegen Todesfalles auf 152 674 166, wegen schwerer Verletzung auf 24 440 500 und wegen leichter auf 13 680 675 Fahrgäste. Je ein solcher von Personen aus dem Straßengewühle kommt erst auf 28 525 491 bezw. 9 201 471 und 13 583 567 Nutzkilometer vor.

---

[1]) Oben S. 13, 15, 24, 25, 27, 30, 31.

Nicht eingerechnet sind weitere 198 Fälle, in welchen die Antragsteller nach begründeter Ablehnung ihres Anspruchs von dessen Weiterverfolgung Abstand genommen haben und welche mittlerweile verjährt sind, weil sie aus der Zeit vor dem 31. Dezember 1894 herrühren.

Das Erheben weiterer Ansprüche ist nämlich nach Gesetz vom 7. Juni 1871 § 8 nur noch aus Vorfällen der Jahre 1895 und 1896 denkbar, wird indeß nach den bisherigen Erfahrungen kaum erheblich sein. Selbst wenn das Verhältniß des bisher ungünstigsten Jahres 1893 mit 2.48% schließlich eintreten sollte, würden höchstens für 1895 noch 12 und für 1896 noch 14 Ansprüche zu erwarten sein. Die bisherigen Meldungen machen indeß für 1895 jeden Zugang unwahrscheinlich, während es für 1896 muthmaßlich noch zu 6 Fällen kommen dürfte. Ansprüche pflegen nämlich in den ersten 4 Wochen angemeldet zu sein.

Ist mithin die Haftpflichtsgefahr ziffermäßig höchstens auf 2—2½% der Unfallsgefahr zu veranschlagen, wird sie scheinbar sogar meist unter 2% bleiben, so ist sie gleichwohl in ihrer wirthschaftlichen Tragweite nicht zu unterschätzen. Denn da jede beim Betriebe eingetretene Tödtung oder Körperverletzung einen Haftanspruch giebt, der nur durch den Beweis **eigener Verschuldung oder höherer Gewalt** zu beheben ist, so hat der Betriebsunternehmer schon dann zu zahlen, wenn der angetretene Beweis für unausreichend gehalten wird. Insbesondere befreit ihn sogar nicht einmal der gelungene Beweis, daß ein Dritter der wirkliche Schadensurheber ist; man erlangt gegen diesen höchstens ein Rückgriffsrecht[2]).

Auf diese Weise sind in den bisher erledigten 219 Fällen[3]) die nachstehenden Aufwendungen nöthig geworden[4]), deren Aufklärung später[5]) zu geben sein wird.

---

²) Unten § 17 S. 45, § 32 S. 70.
³) Von den durch »Einwirkung von Bahnfahrzeugen« Verunglückten wurden 18 auf dem Hinterperron, 5 auf dem Vorderperron, 4 im Innern und 1 außerhalb des Wagens betroffen; in 7 Fällen wirkte das Verschulden fremder Kutscher mit, weil ihretwegen plötzlich und gewaltsam gebremst werden mußte.
⁴) Unfallsgefahrengesetz §§ 61ff. S. 213—230.
⁵) Unten §§ 20, 25—30 S. 53ff., 63ff.

— 38 —

Zahlung war		Absteigen		Aufsteigen		Herabfallen		Betreten Erwachsene	
		Fälle	Betrag	Fälle	Betrag	Fälle	Betrag	Fälle	Betrag
Ueberhaupt {	abs.	34	11 323.04	10	2 225.77	36	23 271.83	26	7 406.15
	%	14.98	11.32	4.41	2.22	15.86	23.27	11.46	7.40
Nothwendig für									
Abfindung {	Vergleich	12	3 510.75	—	—	23	8 990.75	4	2 892.50
	Urtheil	1	2 854.56	—	—	3	5 092.56	1	170.80
Rente ... {	Vergleich	—	—	—	—	—	—	¹) 1	180.00
	Urtheil	¹) 1	300.00	—	—	²) 4	858.00	—	—
Kosten.. {	obgesiegt	4	612.50	1	393.42	3	1 325.20	9	3 104.30
	unterlegen	1	1 270.43	—	—	3	2 840.92	—	—
	Vergleich	2	121.15	—	—	2	414.60	1	135.20
	schwebend	—	—	—	—	1	3 038.60	—	—
Freiwillig aus									
Mitleid........		2	550.00	2	530.00	1	400.00	5	498.35
Zweckmäßigkeit....		15	2 403.65	7	1 302.35	7	1 169.20	8	605.00
Aufwand beanspruchten Fahrgast-Unfälle									
nothwendig		19	8 369.39	1	393.42	28	21 702.63	—	—
freiwillig		15	2 953.65	9	1 832.35	8	1 569.20	—	—
Straßengänger-Unfälle									
nothwendig		—	—	—	—	—	—	14	6 302.80
freiwillig		—	—	—	—	—	—	12	1 103.35
Rentenverpflichtungen entsprangen aus									
Fahrg.-Unfällen...		1	300.00	—	—	4	858.00	—	—
Straßeng.-Unfällen..		—	—	—	—	--	—	1	180.00
Kosten entstanden aus Klagen im Armenrecht		6	2 004.08	1	393.42	7	5 906.33	9	3 174.40

1) F. Biersch. — 2) Glein 108 Mk., Krause 210 Mk., F. Lutz 180 Mk., Ww. Lutz 360 Mk. — 3) G. Müller. —

— 39 —

der Gleise Kinder		Durch Wagen eigene		Durch Wagen fremde		Sonstige Ursachen		Beisammen		%
Fälle	Betrag	Fälle	Betrag	Fälle	Betrag	Fälle	Betrag	Fälle	Betrag	
27	5648.42	28	3408.87	58	45 908.62	8	820.90	227	100 013.60	100.00
11.89	5 65	12.34	3.41	25.54	45.91	3.52	0.82	100.00	100.00	—
⁴)16	2797.00	25	2465.85	47	8 724.20	2	484.40	129	29.865.46	29.85
1	1250.50	—	...	5	30 618.90	—	—	11	39 987.32	39.99
—	—	—	—	⁶)1	396.00	—	—	2	576.00	—
⁵)1	180.00	—	—	⁷)4	1 415.00	—	—	10	2 753.00	—
2	581.55	—	—	1	2.80	—	—	20	6 019.77	6.02
1	116.92	—	—	5	6 561.92	—	—	10	10 790.19	10.79
—	—	1	338.42	1	0.80	—	—	7	1 010.17	1.01
—	—	1	4.60	4	—	—	—	6	3 043.20	3.04
3	156.45	—	—	—	—	3	165.00	16	2 299.80	2.30
5	746.00	2	600.00	—	—	3	171.50	47	6 997.70	7.00
—	—	25	2724.27	54	45 833.62	2	484.40	129	79 507.73	79.51
—	—	1	480.00	—	—	3	216.50	36	7 051.70	7.05
19	4745.97	1	4.60	4	75.00	—	—	38	11 128.37	11.12
8	902.45	1	200.00	—	—	3	120.00	24	2 325.80	2.32
—	—	—	—	5	1 811.00	—	—	10	2 969.00	89.18
1	180.00	—	—	—	—	—	—	2	360.00	10.82
3	698.47	1	338.42	5	2 619.60	—	—	32	15 194.72	72.82

⁴) Sämmtlich unter 7 Jahren. — 5) Max Horning, unter 7 Jahr. — 6) Ww. Wilting. — 7) Groß 120 Mk., Nowack 865 Mk. Bletsch 480 Mk., Tief 450 Mk.

§ 15. Vergleich mit der Unfallsgefahr.

Zur Unfallsgefahr stellen die Fahrgäste 10953 = 84.76 %, die Straßengänger 1968 = 15.24 %. Hier folgen einander in fallender Reihe das Absteigen mit 7220 = 55.88 %, das Aufsteigen mit 2294 = 17.75 %, das Betreten per Gleise mit 1250 = 9.68 %, das Einwirken fremder Fahrzeuge mit 953 = 7.37 %, das Herabfallen mit 752 = 5.82 %, das Einwirken von Bahnwagen mit 240 = 1.86 %, woran sich verschiedene Ursachen schließen, deren jede nur selten vorkommt. Hier entfallen auf Todesfälle nur 49 = 0.38 %, auf schwere Verletzungen 527 = 4.08 %, auf leichte Verletzungen 4232 = 32.75 %.

Demgegenüber steht bei der Haftpflichtgefahr das Einwirken fremder Fahrzeuge bei 58 Fällen = 25.54 % mit 25908.20 Mk. Aufwand = 45.21 % und 1811.00 Mk. Jahresrenten = 54.35 % obenan. Ihm folgen das Herabfallen bei 36 Fällen = 15.86 % mit 23271.83 Mk. = 23.27 % Aufwand und 858.00 Mk. = 25.49 % Jahresrente, worauf das Betreten der Gleise mit 53 Fällen = 23.35 %, 13054.57 Mk. Aufwand = 13.05 % und 360.00 Mk. = 10.82 % Jahresrente kommen. Es schließen sich in weiterer Folge an das Absteigen mit 34 Fällen, 11323.04 Mk. = 11.32 % Aufwand und eine Rente mit 300 Mk., die Einwirkung von Bahnwagen bei 28 Fällen mit 3408.87 Mk. = 3.41 % Aufwand, das Absteigen bei 10 Fällen mit 2225.77 Mk = 2.22 % Aufwand und endlich 8 sonstige Fälle, die 820.90 Mk. = 0.82 % Aufwand verursacht haben. Die Straßengänger stellen hier 62 Fälle mit 13454.17 Mk. = 13.44 % Aufwand, die Fahrgäste 165 Fälle mit 86559.43 Mk. = 86.56 % Aufwand. Von den Rentenverbindlichkeiten entspringen 10 mit 2969 Mk. = 89.18 % Fahrgastunfällen und nur 2 mit 360 Mk. = 10.82 % den Unfällen der Straßengänger.

Fast die Hälfte des Aufwandes und mehr als die Hälfte der Rentenverbindlichkeiten entstammen der Handlung von Personen, die mit dem Bahnverkehr in keiner rechtlichen Beziehung gestanden haben, gestalten sich folgeweise als schuldiges Opfer für fremde Schuld[1]) oder Ungeschicklichkeit, die bei Ausführung von Ver-

---
1) Unten § 17 S. 45.

richtungen für andere im Straßenverkehre thätige Betriebe vor=
gefallen sind. Uebrigens sind noch weitere Unfälle, die ihre Ur=
sache in fremder Schuld haben, unter dem »Herabfallen« und dem
»Einwirken von Bahnwagen« gezählt.

§ 10. Umfang und Begrenzung.

Der Umfang der Haftpflichtsgefahr hängt wesentlich von der
Rechtsprechung in Haftpflichtsfachen ab. Wirkt hier das Mitleid
mit den Verunglückten oder deren Hinterbliebenen mit, gewinnt
der Glaube an die Wahrheitsliebe der Kläger bei Darstellung ihrer
Leiden und des Sachverhaltes die Oberhand, begegnet man dafür
den Einwandsbehauptungen mit Mißtrauen, stellt man sich im
Streitverhältnisse auf Seiten der Kläger durchaus Uneigennützige
und dabei streng Wahrheitsliebende, denen die Sucht nach Ver=
besserung ihrer Vermögenslage abgeht, und umgekehrt auf Seiten
der Beklagten Engherzige vor, die aus Sparsamkeitsrücksichten
wider bessere Empfindung jeden berechtigten Anspruch ablehnen und
vor den gröbsten Wahrheitsentstellungen nicht zurückschrecken, so
wird es häufig zur Verurtheilung der Betriebsunternehmer kommen.
Befriedigt wird hierdurch indeß weder das allgemeine Rechtsgefühl
noch die Sicherheit im Verkehr. Denn erfahrungsgemäß herrscht
bei vielen Verunglückten Hang zur Simulation vor.

Da mit jedem Wechsel in der Besetzung einer Spruchbehörde
nachweisbar eine Aenderung in den Grundsätzen zu beobachten ist,
welche bei der bisherigen Rechtsprechung maßgebend waren, ist ein
untrügliches Voraussagen der künftigen Entscheidung ausgeschlossen.
Gleichwohl dürfen folgende Grundsätze als gewonnen bezeichnet
werden:

I. Ab= oder Aufsteigen im Fahren pflegt, unbekümmert
darum, ob es vom Vorder= oder Hinterperron oder von der Seite
aus vorgenommen wird, für eigenes Verschulden erklärt zu werden.
So ist es zur Klageabweisung der von Voldt, Hackel, Hintze, Kor=
nitzky, Ladewig, Markuse und Werner[1]) erhobenen Ansprüche auf

---

[1]) R.G. I 10. Mai 1889 — 11 C. 617 89 —, L.G. I 12. März 1889 —
O. 311 88 VI —, 17. November 1894 — O. 136 94 XXIII —, 27. April 1895 —
O. 33 95 XIV —, 28. Januar 1896 — O. 365 95 VIII.

Grund des Beweises gekommen, daß das Absteigen je dreimal vom Vorder- und Hinterperron und einmal von der Wagenmitte im Fahren erfolgt war. Dagegen erwirkten der Agent Pietsch, welcher einen Wagen verlassen hatte, und die Falzerin Lehmann, welche einen solchen bestiegen hatte, ein obsiegendes Urtheil, weil die Beweisaufnahme zweifelhaft ließ, ob bei Ausführung der That der Wagen noch gehalten hatte oder schon wieder angefahren war. Der verbliebene Zweifel wurde nämlich den Klägern zu Gute gerechnet, welche zu einem Reinigungseide verstattet wurden. Der Strumpfwirker Glein[2]) hatte zwar nachweisbar den Decksitzplatz während der Fahrt aufgegeben und war die Treppe noch im Fahren herabgestiegen, wobei er das Gleichgewicht verlor und herabfiel. Während der Vorderrichter hierin Absteigen im Fahren und damit eigenes Verschulden erkannt hatte, rechnete der Berufungsrichter ihm die gefährliche Selbstthätigkeit als Verschulden nicht an und billigte ihm Rente zu. Denn bei dem Mangel einer mechanischen Einrichtung an dem Wagen habe er seine Absicht des Absteigens dem Schaffner nicht kund geben und das rechtzeitige Halten des Wagens nicht anders herbeiführen können, wodurch sein Verhalten zu entschuldigen sei.

II. Selbstverschuldete Trunkenheit als Ursache des Unfalles hat zur Abweisung der Haftansprüche des Schlossers Krüger, Goldarbeiter Scheffner und Maurer Zachow geführt, von denen Zachow am 16. Februar 1887 an einen Bahnwagen angetaumelt und Krüger am 1. März 1895 beim Liegen auf dem Gleise, wohin er in der Trunkenheit an einer dunklen Stelle sich niedergelegt hatte, überfahren war; Scheffner dagegen war von einem Bahnwagen, den er im Fahren bestiegen hatte, noch vor Lösung des Fahrscheins wieder herabgefallen, was als Folge seines Zustandes angesehen werden konnte.[3])

III. Beim Ueberschreiten der Gleise wird von Jedermann

---

[2]) L.G. I 30. April 1895 — O. 2 95 VII —; R.G. 6. März 1885 — U. 1297 96 IX. —

[3]) L.G. I 22. Oktober 1888 — O. 65 88 V —, 20. März 1893 — O. 572 92 XVIII —, 12. März 1896 — O. 314 95 XII —; R.G. 27. April 1894 U. 1747 93 IX —, 10. November 1896 — U. 1433 96 IX —; R.G. 15. November 1894 — VI 209 94. — Vergl. oben § 12 S. 32.

eine derartige Aufmerksamkeit verlangt, wie sie unter den obwaltenden örtlichen Verhältnissen zum Selbstschutze gegen Gefahren vernunftgemäß angewendet zu werden pflegt. Das Außerachtsetzen dieser Vorsicht wurde bis in die neueste Zeit, wo das Kammergericht mit seiner bisherigen Rechtsprechung zu Gunsten der Verunglückten brechen und ihnen einen hohen Grad von Leichtsinn entschuldigen zu wollen scheint,⁴) als eigenes Verschulden aufgefaßt. So ist es zur Klageabweisung in Sachen Böttcher, Döring, Dujat, Ladwig, Müller, Riemer und Schwang gekommen.⁵) Der Schulknabe Böttcher war am 13. Mai 1895 aus Spielerei neben einem Bahnwagen hergelaufen, das Schulmädchen Döring hatte am 16. November 1894 aus Uebermuth noch kurz vor einem solchen das Gleise zu kreuzen versucht. Beiden war ihr Vorhaben mißglückt; ersterer mußte es mit dem Verluste beider Beine, letztere mit dem eines Fußes büßen. Die Wittwe Ladwig hatte am 14. Februar 1888 auf dem Belle-Allianceplatze, der Korkosthändler Müller am 9. März 1894 in der Wienerstraße und der Arbeiter Dujat am 21. September 1894 in der Skalitzerstraße das Gleise gekreuzt, obschon ein nahender Bahnwagen ihnen kaum hätte entgehen können. In den Fällen des Lehrer Riemer, welcher am 6. November 1893 in der Thurmstraße, und des Sprachlehrer Schwang, welcher am 4. Februar 1892 in der Potsdamerstraße beim Gleiskreuzen kurz vor dem Bahnwagen verunglückt waren, handelte es sich um sehr bejahrte im Hör- und Sehvermögen beschränkte Personen. Gerade die letzteren Umstände hätten sie nach richterlicher Auffassung zum Aufwande desto größerer Vorsicht bestimmen müssen, weshalb sie ihnen nicht zu Gute gerechnet werden.

IV. Das Einnehmen und Behaupten desjenigen Platzes auf

---

⁴) z. B. Urt. vom 19. Januar 1897 (U. 3326. 96. IX) gegen L.G. I. 8. Juli 1896 (O. 137. 96. C.P. 25).
⁵) L.G. I 29. März 1890 — O. 435. 88. VI —, 7. Januar 1893 — O. 236. 92. XVII —, 19. Mai 1894 — O. 43. 94. XVII —, 17. Mai 1895 — O. 92. 95. IV —, 18. Juni 1895 — O. 114. 95. XIV —, 2. October 1895 — O. 179. 95. IV —, 7. Februar 1896 — O. 434. 95. II —; K.G. 16. November 1894 — U. 2129. 94. IX —, 5. November 1895 — U. 2080. 95. IX —, 17. Januar 1896 — U. 2896. 95. IX —, 21. Februar 1896 — U. 3464. 95. IX —; R.G. 1. März 1895 — III. 17. 95. —.

dem Vorderperron, welcher nach dem geltenden Polizeirechte frei=
zulassen ist, gilt als eigenes Verschulden nicht, weil es einerseits
gerichtskundig seitens der Schaffner geduldet werde und anderer=
seits das Verbot mehr zur Bequemlichkeit beim Auf= und Absteigen
als zum Selbstschutze der Fahrgäste erlassen sei, wie in Sachen Lutz,
der am 30. November 1889 durch Herabfallen sein Leben verloren
hat, festgestellt worden ist.⁶) Für eigenes Verschulden wird auch
nicht anerkannt, wenn Jemand beim Durchfahren der Kurve unter=
läßt, sich anzuhalten oder sich wohl gar mit Anzünden einer
Cigarre beschäftigt, wie dies bei den beiden tödtlich verlaufenen
Unfällen des Cafétier Tewele⁷) am 14. Januar 1893 und des
Postsekretär Krause⁸) am 5. August 1894 ausgesprochen worden
ist. Wohl aber gilt das Laufen auf dem Trittbrette der Sommer=
wagen, durch welches am 16. Juli 1894 ein Kaufmann Abraham⁹)
verunglückt war, ferner das vorzeitige Erheben vom Decksitzplatze,
welches am 29. April 1896 zum Unfalle eines Invaliden Veit¹⁰)
führte, nicht aber das unruhige Sitzen im Wageninnern, auf
welches der am 23. März 1893 eingetretene Unfall einer Frau
Hoffmann zurückzuführen war, als eigenes Verschulden.

Verbleibt die Rechtsprechung in künftigen gleichartigen Fällen
bei den vorgedachten Grundsätzen, so werden mit einem an Gewiß=
heit grenzenden Wahrscheinlichkeitsgrade alle künftigen Streitfälle
zu Gunsten der Beklagten entschieden werden, weil bereits auf
Grundlage der bisherigen Erfahrungen alle Ansprüche vergleichs=
weise abgefunden zu werden pflegen, bei denen Thatumstände fehlen,
die nach Vorstehendem ein eigenes Verschulden begründen würden.

V. Unerwähnt darf schließlich nicht bleiben, daß gegen die
Auffassung des ehemaligen Oberhandelsgerichtes das Kammergericht
in Sachen Krause gegenüber der aus dem Unfalle des Sohnes

---

⁶) L.G. I 10. November 1891 — O. 456. 90. VI —; K.G. 5. April
1892 — U. 3336. 91. IX —.

⁷) L.G. I 17. November 1894 — O. 92. 94. II —; K.G. 9. April 1895
— U. 90. 95. IX —; R.G. 29. October 1895 — III. 179. 95. —.

⁸) L.G. I 16. November 1896 — O. 62. 95. XII —.

⁹) L.G. I 29. Januar 1895 — O. 261. 94. I —; K.G. 15. November
1895 — U. 1031. 95. IX —.

¹⁰) K.G. I 30. Juni 1896 — 5 C. 776. 96. —.

klagenden Mutter den Einwand der Theilung mit den übrigen Unterhaltspflichtigen für begründet erklärt hat und daß ferner in Sachen Tewele ein Haftanspruch dem nachgeborenen Kinde zugebilligt worden ist[11]).

§ 17. Haftung für fremde Schuld.

Auswärtige Haftpflichtsgesetze[1]) geben bisweilen dem Bahnunternehmer den Einwand fremder Schuld mit der Wirkung, bei dessen Gelingen ihre Eintrittsverbindlichkeit los zu werden. Gesetz vom 7. Juni 1871 thut dies nicht. Daraus ist indeß noch nicht die Absicht abzuleiten, den Bahnunternehmer für alle Ereignisse verantwortlich zu machen, welche unter nebensächlicher Mitwirkung eines Bahnzuges aus Ereignissen entstehen würden, die auf der vorsätzlichen oder grobfahrlässigen Handlung Jemandes beruhen, welcher zum Bahnbetriebe in keinerlei rechtlicher Beziehung steht, weshalb dieser auf seine Handlungen bezw. auf sein Verhalten nicht den allergeringsten Einfluß üben kann. Gleichwohl ist es im Gerichtsgebrauche grundsätzlich zu einer Haftpflicht der Bahnunternehmer für das Verschulden fremder Personen gekommen.

So wurde nicht allein der Haftanspruch eines Kindes, welches, neben einem Bahnwagen herlaufend, etwa in dessen Mitte von einem Spielgenossen gestoßen und dadurch unter das Hinterrad gekommen war, wodurch ein Bein verloren wurde, dem Grunde nach für berechtigt erklärt, sondern es sind auch Fahrgästen aus Verletzungen wiederholt Ansprüche zugebilligt worden, welche ihnen durch vorsätzliche oder fahrlässige Handlungen fremder Wagenführer unmittelbar oder mittelbar zugefügt worden sind.

Am 13. Juni 1888 wurde in der Brunnenstraße der Schuhmacher Tiel als Fahrgast des Vorderperrons durch die Deichsel eines Faßbierwagens, welcher unmittelbar hinter einem Bahnwagen plötzlich nach dem Nebengleise abbog, als der von Tiel benutzte Bahnwagen bereits neben dem anderen war, gegen den Kopf gestoßen. Am 20. Dezember 1888 wurde der Thierarzt Pietsch in der König-

---

[11]) Vom 1. Januar 1900 ist dies Recht der Nachgeborenen unstreitig. Vergl. Gesetz 18. August 1896 und meine Abhandlung in der Zeitschr. für Lokal- und Straßenbahnwesen Jahrg. XVI (1897) S. 20 ff.

[1]) z. B. Oesterreich G. v. 5. März 1869, Ungarn G. v. 1874 Art. XVIII § 9.

straße durch die Deichsel eines Rollwagens verletzt, welche in den von ihm als Innenfahrgast benutzten Bahnwagen einbrang. Am 19. August 1889 fuhr ein Rollkutscher in der Sommerstraße senkrecht auf einen Bahnwagen ein und zerstörte eine Seitenscheibe, deren Splitter dem Innenfahrgast Bobstein in ein Auge drangen und dessen Sehkraft beeinträchtigten. Die Nätherin Nowack saß am 3. März 1890 in der Yorkstraße in einem Bahnwagen dicht an dessen vorderen Stirnwand, als die Deichsel eines Möbelwagens, dessen Kutscher aus Uebermuth mit einem anderen um die Wette fuhr, in dieselbe einbrang. Der Schuhmacher Groß hatte am 20. Oktober 1891 in der Chausseestraße als Vorderperronfahrgast die Hand über das Gitter gelegt, als eine Droschke von hinten den Bahnwagen überholen wollte und dies so dicht neben demselben ausführte, daß die übergelegte Hand gefaßt und gequetscht wurde. In der Alexanderstraße wurde am 10. Juli 1893 ein von der Wirthschafterin Langer benutzter Bahnwagen aus entgegengesetzter Richtung durch einen Rollwagen angefahren, in Folge dessen ein eingestoßener Fensterrahmen ihr auf den Kopf fiel, wodurch sie eine traumatische Neurose und Verlust der Erwerbsfähigkeit um $67^1/_2\%$ davongetragen haben soll.[3]

Vergeblich war in diesen Fällen eingewendet worden, daß die Verletzten bei Benutzung von Fahrzeugen, die nicht an Schienen gebunden gewesen sein würden, genau denselben nachtheiligen Erfolg aus den vorgefallenen Handlungen erlitten haben würden, weshalb von eigenthümlichen Gefahren des Bahnbetriebes keine Rede sein könne. Vergeblich war ferner versucht, Befreiung von der Haftpflicht wegen obwaltender höherer Gewalt zu erreichen, weil jedes Mittel gefehlt habe, einer so plötzlich wirkenden fremden Gewalt zu entgehen. Diese Umstände wurden zwar als erwiesen

---

[3] L.G. I 31. Januar 1890 — O. 467. 89. X —, 21. Mai 1891 — O. 579. 90. III —, 17. November 1891 — O. 300. 90. VII —, 24. Juni 1892 — O. 655. 90. XV —, 22. Juni 1893 — O. 468. 92. VII — 18. Januar 1897 — O. 95. 95. XII —; K.G. 23. Mai 1890 — U. 541. 90. IX —, 10. Mai 1892 — U. 217. 92. IX —, 3. Juni 1892 — U. 2118. 91. IX —, 31. Januar 1893 — U. 2914. 92. IX —, 30. April 1895 — U. 2894. 93. IX —; R.G. 8. Dezember 1890 — VI. 183. 90. —, 4. April 1892 — VI. 13. 92. —, 27. Oktober 1892 — VI. 159. 92.

und richtig zugegeben, dagegen wurde der Beweis vermißt, daß überhaupt keine Mittel oder Vorkehrungen gefunden werden könnten, durch deren Anwendung so plötzlich wirkende Gewalt ihres schäd= lichen Erfolges noch entkleidet worden wäre.

Bei diesem Stande der Rechtsprechung besteht die Zwangs= lage, jeden Anspruch aus Verletzungen bei Benutzung eines Bahn= wagens abzufinden, welcher durch Einwirkung fremder Fahrzeuge verursacht ist, selbst wenn die fremden Wagenführer wegen vor= sätzlicher oder fahrlässiger Körperverletzung bestraft worden sind. Hieraus erklärt sich, daß 45 908.62 Mk. = 45.21 % Aufwand und 1811.00 Mk. = 54.25 % Rentenverbindlichkeit aus Unfällen her= rühren, welche in vorsätzlichen oder grobfahrlässigen Fahrfehlern fremder Kutscher[3]) ihren Grund haben. Dabei fehlt noch dazu fast jede Aussicht, im Wege des Rückgriffs an den Schadensurheber den Aufwand wieder einzubringen, weil nach geltendem Landrechte der Dienstgeber nicht zu fassen ist und der allein verantwortliche Kutscher mittellos zu sein pflegt, so daß seine Verurtheilung doch nichts nützen, sondern nur weiteren Kostenaufwand verursachen würde. Unter der Herrschaft des bürgerlichen Gesetzbuches § 831 wird eine Besserung zu erwarten sein, nämlich die Möglichkeit be= stehen, bisweilen von Fuhrwerksbesitzern Ersatz beizutreiben.

Uebrigens enthalten obige Ziffern nicht einmal sämmtliche Leistungen, welche auf das Verschulden fremder Wagenführer und anderer vom Betriebsunternehmer unabhängiger Schadens= urheber zurückzuführen sind. Vielmehr sind in dem Aufwande zur Abfindung Herabgefallener und durch Bahnfahrzeuge Geschädigter Beträge eingesetzt, welche an Personen zur Zahlung gelangten, die in Folge plötzlichen Bremsens herab= oder in Bahnwagen vornüber= gefallen sind, welches zur Abwendung eines Zusammenstoßes mit fremden Fahrzeugen unvermeidlich geworden war. Nicht minder enthält der Aufwand aus »sonstigen Ursachen« ähnliche Beträge.

Erscheint zwar die grundsätzliche Haftung des Dienstgebers

---

[3]) Nämlich 11 Rollkutscher, 8 Bierfahrer, 6 Möbel=, 5 Droschken=, 3 Omnibus=, je 2 Kohlen=, Mehl=, Müll=, Schlächter=, Stein= und Viehwagen= und je 1 Kremser=, Montage= und Sprengwagenkutscher. Dazu treten 2 Fahrer elektrischer Wagen, 2 Selbstfahrer und 6 Kutscher leerer Arbeits= wagen.

aus Geſetz vom 7. Juni 1871, § 2 für das Verſchulden ſeiner Werkthätigen bei Ausführung von Dienſtverrichtungen billig und ſachgemäß, ſo gilt Gleiches doch nicht für die Ausdehnung der Haftung des Bahnunternehmers auf Verſchuldung ihm fremder Perſonen, welches dieſe bei Ausführung von Dienſtverrichtungen im Geſchäftsbetriebe Dritter begangen haben. Gleichwohl iſt wenig Hoffnung auf eine Wandlung zum Beſſern.

Neuerdings verſucht ſogar die Fuhrwerksberufsgenoſſenſchaft aus Fahrfehlern, die im Betriebe ihrer Mitglieder unter neben=ſächlicher Mitwirkung eines Bahnzuges zum Unfalle jemandes, dem ſie als Werkthätigen im ſchädigenden Betriebe Fürſorge zu gewähren hatte, geführt haben, ohne daß er den vorgefallenen Fahrfehler jedoch ſelbſt begangen hat, ihren Aufwand von den Bahn=betriebsunternehmern wieder einzubringen. Ob auch hier die Ge=richte zur Verurtheilung gelangen werden, iſt heute noch nicht zu überſehen, da die anhängigen Fälle noch nicht einmal für die Be=rufung reif ſind.[4]

§ 18. Rechtsverfolgung und Rechtsvertheidigung.

I. Zur Rechtsverfolgung braucht gewöhnlich nur ein Be=triebsvorfall und ein vorhandenes Körperleiden, welches die Erwerbs=fähigkeit ungünſtig beeinflußt, bewieſen zu werden, wonächſt der urſachliche Zuſammenhang zwiſchen beiden für ſelbſtverſtändlich gehalten und zufolge freier Beweiswürdigung als Thatſache feſt=geſtellt wird. Wird ausnahmsweiſe mehr verlangt, ſo pflegt ein ärztliches Gutachten zu genügen, welches die Möglichkeit für nicht ausgeſchloſſen erklärt, daß der Vorfall die Krankheit beeinflußt hat. Nur einmal wurde in Würdigung der thatſächlichen Ver=hältniſſe für nothwendig gehalten, daß mindeſtens in hohem Grade hätte wahrſcheinlich erklärt werden müſſen, der Vorfall habe ein vorhandenes Uebel hervorgerufen, welches auf keine andere Urſache zurückzuführen ſei, weshalb beim Mißlingen dieſes Beweiſes die Klage ohne Erfolg blieb.

Bei Schätzung des Grades, in welchem die Erwerbsfähigkeit gelitten, und bei Bewerthung der zur Unfallszeit beſtandenen Er=

---

[4] Unten §§ 19, 28 S. 50, 70.

werbsfähigkeit pflegt gleichfalls die Beweislast des Klägers thunlichst erleichtert zu werden. Unterbleiben thatsächliche Anführungen, so gilt Kläger nicht etwa als beweisfällig, sondern von Amtswegen wird eine Summe des muthmaßlichen Erwerbes gegriffen. Bei Abfindung Hinterbliebener wird weniger darauf gesehen, was der Verstorbene thatsächlich erworben und für sich verbraucht hat, als was die Kläger zum standesgemäßen Unterhalte brauchen würden. So wurde z. B. in Sachen Tewele trotz der unstreitigen Thatsache, daß der Erblasser zur Zeit seines Unfalles und Todes sich in Vermögensverfall befand, indem der schwebende Konkurs bei 5400 Mk. Masse eine Schuldenlast von 160000 Mk. auswies, daß er thatsächlich augenblicklich ohne Erwerb gewesen, daß er endlich noch bei Lebzeiten der Schätzung seines Einkommens auf 3000 Mk. als um die Hälfte zu hoch widersprochen hatte, den Hinterbliebenen etwa 3600 Mk. jährlich als Ersatz des ihnen infolge des Todesfalles entzogenen Unterhaltes zugebilligt. Die Nähterin Nowack erhielt aus ihrem mit Verunstaltung einer Gesichtshälfte bei sonstiger völliger Wiederherstellung geendeten Unfalle in Ersatz des Vermögensnachtheiles ⅔ des bisherigen Erwerbslohnes zugesprochen, wobei noch dazu das inzwischen gesetzliche Verbot der Sonntagsarbeit unberücksichtigt blieb und der Schadensberechnung 365 bezw. 366 Tage zu Grunde gelegt wurden. Das letztere geschah auch im Langer'schen Falle.

II. An die Rechtsvertheidigung werden dagegen die denkbar höchsten Ansprüche gestellt. So genügte z. B. nicht der angetretene Beweis, daß das nämliche Ereigniß für Kläger den gleichen Erfolg gehabt hätte, wenn das von ihm benutzte Fahrzeug nicht an Schienen gebunden gewesen wäre.[1]) Zur Erfüllung des Einwandes höherer Gewalt wird darüber hinaus noch verlangt, daß es überhaupt kein Mittel gebe oder geben könne, derartigen Ereignissen im Bahnbetriebe vorzubeugen. Bekunden von fünf Zeugen zwei bestimmt, daß ein Bahnwagen in Bewegung war, als Kläger zu- oder abstieg, können zwei andere der Einzelheiten des Unfalles sich nicht mehr genau erinnern, bezeugte der fünfte aber, Halt- und Abfahrtssignal gehört zu haben, so reicht dies (im Falle

---

[1]) Oben § 17 S. 45.

Lehmann) aus, wegen unvollkommenen Beweises des eigenen Verschuldens den Kläger zum Reinigungseide zu verstatten. Wellmer hatten sämmtliche Zeugen übereinstimmend gegen die Brust des linken Pferdes laufen und dort hinfallen sehen; gleichwohl wurde der Beweis des eigenen Verschuldens für mißlungen erklärt. Im Krause'schen Falle wurde zwar erwiesen, daß der Verunglückte Streichhölzer in der Hand und eine Cigarre im Munde hatte, gleichwohl der Beweis für mißlungen befunden, daß er beim Durchfahren der Kurve eine Cigarre angezündet habe, weil Niemand das Aufleuchten des Streichholzes gesehen hatte. Trotz einer im unbeobachteten Augenblick aufgenommenen Photographie, wonach Groß seine angeblich unbeugsamen Finger so schließen konnte, um ein brennendes Streichholz festzuhalten, wurde dem Kläger Groß geglaubt, daß er kein Messer mehr handhaben könne.

Wegen der ihnen obliegenden Beweislast sind die Betriebsunternehmer gezwungen, sich den Beweis der gesetzlich zulässigen Einreden zu sichern. Dies geschieht durch Befragen der bekannt gewordenen Augenzeugen unter Erstattung ihrer Fahrgeldauslagen und des etwaigen Zeitverlustes. Es hat nicht an Versuchen gefehlt, aus letzterem Umstande den Vorwurf der beabsichtigten Beeinflussung abzuleiten. Den Werkthätigen des Betriebes pflegt selbst dann volle Glaubwürdigkeit versagt zu werden, wenn durch Nichterheben der Anklage oder durch eine Freisprechung ihre Schuldlosigkeit an dem Vorgange dargethan wird. Die Beweisaufnahme zur Sicherung erweist sich in Haftpflichtsachen als kein brauchbares Hilfsmittel zur Vermeidung von Rechtsstreitigkeiten, weil die C. P. O. § 450 vorgesehene Zustimmung des Gegners hierzu sehr schwer zu erlangen ist, weshalb sie nur vereinzelt gelungen ist. Fast ausnahmslos war auf Erhebung von Ansprüchen unter bedingungsloser Uebernahme der Kosten des Beweisverfahrens angeboten, die streitigen Thatfragen auf diesem Wege zu klären.

§ 19. Verhältniß zur Unfallsfürsorge.

Durch die auf Gesetz vom 6. Juli 1884 und 28. Mai 1885 beruhende Unfallsfürsorgen ist einerseits den Betriebsunternehmern die Haftpflichtgefahr für Werkthätige, die im eigenen Betriebe verunglückt sind, abgenommen, andererseits die Fällezahl gestiegen, in denen Haftansprüche geltend gemacht werden. Weitere Kreise haben nämlich durch die Unfallsfürsorge erst kennen gelernt, aus dem unbedeutendsten Unfalle einen Vortheil dadurch herauszuschlagen, daß sie, allerdings meist auf Kosten der Wahrheit, den Sachverhalt im Vertrauen darauf für sich günstig darstellen, daß dem Betriebsunternehmer der Gegenbeweis mißglücken wird. Sie verstehen bereits die Thatsache zu verwerthen, daß im Zeitverlaufe den Zeugen die Erinnerung an die Einzelheiten eines von ihnen beobachteten Vorfalles zu schwinden pflegt, weshalb sie die Klage erst in dem letzten Augenblicke erheben. Ungünstige in der eigenen Person liegende Umstände werden einfach verschwiegen, das Absteigen wird zum Herabfallen, das Anlaufen an die Pferde zum Ueberraschtwerden durch den Bahnwagen umgewandelt. Besonders lehrreich nach dieser Richtung war die Klage eines Klempners Hackel, welcher nachweisbar im Fahren abgestiegen war, wobei er ein Bein verlor. So hatte er den Hergang im Krankenhause seinen Aerzten und Pflegern selbst mitgetheilt. Gleichwohl klagte er demnächst im Armenrechte, weil er in Folge fehlerhafter Beschaffenheit des Vorderperrons in Verbindung mit einem unvorhergesehenen Wagenruck herabgefallen sei. Die Merkmale eines versuchten Betruges gegen Str.G.B. § 263 durch Vorbringen falscher und Entstellen wahrer Thatsachen sind kaum zu verkennen. Sollte ein so gearteter Mißbrauch einerseits des Armenrechtes, andererseits der zum Wohle der Verkehrssicherheit geschaffenen Einrichtungen nicht verdient haben, daß Anklage erhoben bezw. Abgabe der Akten von Amtswegen an die Staatsanwaltschaft seitens des Spruchgerichts erfolgt wäre?

Seit das Reichsgericht dem U.V.G. vom 6. Juli 1884 § 98 die Wirkung beigelegt hat,[1]) einen gesetzlichen Forderungsübergang etwaiger Haftansprüche abgefundener Unfallsfürsorgeberechtigter auf die abfindende Berufsgenossenschaft herzustellen, suchen letztere sich auf Kosten der Bahnunternehmer zu entlasten. In Fällen, welche unverkennbar bei Verrichtung von Berufsgeschäften für versicherungspflichtige Betriebe entstanden sind und welche die davon

---

[1]) Ueber diese Streitfrage sind zu vergleichen: Die Arbeiterversorgung Bd. XIII S. 237, 325; Berufsgenossenschaft Bd. XV S. 88. Deutsche Straßen- und Kleinbahn-Zeitung IX (1896) S. 137, 185, 202, 298.

Betroffenen als Unfälle in ihrem Berufe halten, suchen die Berufs=
genossenschaften, sobald ein Bahnbetrieb nebensächlich mitgewirkt
hat, Haftansprüche bezw. Ersatzklagen abzuleiten. So fuhr ein
Omnibus verbotswidrig auf dem Bahngleise, wo er wegen Sturzes
seiner Pferde plötzlich halten mußte. Hierdurch glitt ein ihm fol=
gender Bahnwagen an ihn heran und soll der Omnibusschaffner
verletzt sein. Der Arbeiter eines Möbelfuhrgeschäfts fiel von der
am Hintertheile des Möbelwagens mit Ketten befestigten Schwinge
herab, als in Folge ungeschickter Führung der Möbelwagen un=
vermuthet gegen die Vorderkante eines nahenden Bahnwagens ge=
drängt wurde. Der Kutscher eines Müllwagens wurde durch sein
Pferd gegen einen vorüberfahrenden Bahnwagen gedrängt. Augen=
scheinlich hatte hier der Omnibus= bezw. Möbel= und Abfuhrbetrieb
die Ursache des Unfalles abgegeben, welche in einer bei dessen Aus=
übung vorgefallenen Handlung zu suchen war; der Bahnbetrieb
wirkte nur nebensächlich mit und würde ohne den vorgefallenen
Fehler im Hauptbetriebe unschädlich geblieben sein.

Derartige Fälle lassen die Frage aufwerfen, ob ein Vorgang,
dessen treibende Ursache ein innerhalb eines anderen Betriebes ge=
schaffenes Ereigniß ist, schon dadurch zum Bahnunfalle wird und
Haftanspruch begründet, daß nebensächlich ein Bahnwagen mitwirkte.
Der Verkehrssitte und dem natürlichen Rechtsgefühle widerspricht
dies. Die Betroffenen glaubten nur, in ihrem Betriebe verunglückt
zu sein, weshalb sie keine Ansprüche an die Bahnunternehmer selbst
erhoben. Erst den betheiligten Berufsgenossenschaften war es vor=
behalten, die Verantwortlichkeit auf die Bahnbetriebe abzuwälzen.
Entspricht solches wirklich der gesetzgeberischen Absicht? Die be=
vorstehenden Verhandlungen im Reichstage über § 98 des Un=
fallsgesetzentwurfes schaffen hierüber vielleicht Klarheit. Unbillig
würde es kaum sein, den Bereicherungsgelüsten der Berufsgenossen=
schaften durch einen dahin lautenden Zusatz zu § 98 zu begegnen:

> Die Haftpflicht der Bahnunternehmer fällt indeß weg, so=
> fern der Beweis gelingt, daß der Unfall durch ein im Be=
> triebe des versicherungspflichtigen Mitgliedes vorgefallenes
> Verschulden verursacht ist.

Denn der Billigkeit und dem natürlichen Rechtsgefühle wider=
streitet es, den Bahnunternehmer für Ereignisse verantwortlich zu

machen, zu deren Vermeidung das Mitglied der klagenden Berufs=
genossenschaft verpflichtet war und welches zweifellos ausgeblieben
wäre, wenn er bei Auswahl und Beaufsichtigung seiner Werk=
thätigen die der Verkehrssitte entsprechende Aufmerksamkeit hätte
walten lassen.³)

III. Jetziges Abfindungsverfahren.

§ 20. Leitende Grundsätze.

Aus den oben § 2 S. 8 entwickelten Gründen sind die beiden
Betriebe zur Selbstversicherung bestimmt worden. Nachdem sie in
den Vorjahren namhafte Beträge¹) an Versicherungsgesellschaften
gezahlt hatten, schossen sie nach gleichen Grundsätzen berechnete
Beträge zu einer gemeinsamen Ansammlung ein, denen noch Ein=
gänge an Zinsen, aus Ersatzleistungen²) und an Gewinn aus dem
gestiegenen Werthe der angeschafften Effecten hinzugetreten sind.
In den einzelnen Jahren wurden hierdurch die nachfolgend zu=
sammengestellten Beträge vereinnahmt, aus denen die dort nach
ihrem Verpflichtungsgrunde gleichfalls zusammengestellten Ausgaben
bestritten worden sind, um schließlich die für die einzelnen Jahre
gezogenen Ueberschüsse zu ergeben, welche am 1. Januar 1897 be=
reits 222286.58 Mk. erreicht hatten.

---

³) Vergl. Bürg. G.B. § 731 mit A.L.R. I 6 §§ 60 ff. und unten § 32.

¹) Die Jahresprämien der Großen Berliner betrugen von 1882—1886
Mk. 10768.20 bezw. 9160.75, 9851.40, 11792.85, 15439.04 und würden einen
Ueberschuß von 45061.89 Mk. ergeben haben, nach meinem Berichte in den
Akten U. 13 Bl. 12. Die Neue Berliner war seit 1. Juli 1885 bei der
Schlesischen Lebensversicherungsgesellschaft, vorher 2 Jahre bei der »Zürich«
und noch früher bei der Magdeburger Unfallsversicherungsgesellschaft versichert.
Sie hat in den einzelnen Jahren 1882—1886 an Prämien gezahlt: 2132.60
bezw. 2111.10, 2240.00, 2760.40, 4592.17 Mk.

²) Im Ganzen 1854.81 Mk., worunter auf Grund des Rückgriffsrechtes
von Schadensurhebern nur 674.40 Mk. in 15 Fällen eingegangen sind, nämlich
44 Mk. von einem schuldigen Droschkenbesitzer und 630.49 Mk. von 14 an Un=
fällen durch Einwirkung von Bahnwagen schuldigen Bahnkutschern. Vergl.
§§ 17, 22, 32 S. 45 ff., 61, 70.

— 54 —

		1887	1888	1889	1890
Einnahmen:					
Einschuß	Große	16 466.49	17 631.19	19 468.69	20 496.19
	Neue	5 150.22	5 852.60	7 135.70	7 484.98
Ersatzbeträge	Große	—	—	52.95	—
	Neue	44.00	83.00	36.00	36.00
Zinsen und Preisgewinn		265.99	1 102.70	2 000.00	2 991.65
Beisammen		**21 926.70**	**24 669.49**	**28 693.84**	**31 008.82**
Ausgaben:					
Sachermittelung		64.10	24.30	66.50	22.30
Preisverlust		142.10	—	372.50	1 664.00
Unfallsbeträge	Große	3 230.00	2 439.00	1 114.20	1 381.96
	Neue	474.00	340.20	250.00	285.50
Kosten und Gebühren	Große	—	248.25	913.77	2 086.13
	Neue	—	—	70.80	67.65
Beisammen		**3 910.20**	**3 051.75**	**2 787.77**	**5 507.54**
Ueberschüsse		**18 016.50**	**21 617.74**	**25 905.57**	**25 501.28**
Es betragen in Procent der					
Einnahmen:					
Einschuß	Große	75.11	71.44	67.84	66.11
	Neue	23.47	23.73	24.86	24.13
Ersatzbeträge		0.20	0.37	0.32	0.12
Zinsen und Preisgewinn		1.22	4.46	6.08	9.64
Ausgaben überhaupt		17.09	12.49	9.72	17.76
Unfallsbeträge	Große	14.68	9.88	3.89	4.46
	Neue	2.16	1.38	0.87	0.80
Kosten und Gebühren		—	1.00	3.43	6.94
Ueberschüsse		82.91	87.51	90.28	82.24
Ausgaben:					
Sachermittelung		1.64	0.78	2.36	0.40
Preisverlust		3.64	—	13.33	30.24
Unfallsbeträge	Große	82.60	79.97	40.02	25.10
	Neue	12.12	11.13	8.95	5.18
Kosten und Gebühren		—	8.12	35.34	39.08

— 55 —

1891	1892	1893	1894	1895	1896	Beisammen
21 028.69	21 508.69	21 823.69	22 078.69	23 143.69	25 438.69	209 084.70
7 495.02	7 317.94	8 118.68	8 751.19	9 282.85	10 734.82	77 324.00
20.00	95.00	52.00	33.75	424.52	933.49	1 611.71
30.00	—	—	—	—	13.60	242.60
4 192.00	5 269.24	5 699.66	6 311.28	6 789.57	7 652.88	42 274.97
32 765.71	**34 190.87**	**35 694.08**	**37 174.91**	**39 640.63**	**44 773.48**	**330 537.98**
42.95	23.50	30.35	228.05	259.75	278.20	1 040.00
234.00	—	—	1 184.45	1 008.95	2 591.80	7 197.80
6 742.20	26 259.61	3 911.15	4 791.90	7 170.00	8 808.40	65 848.42
1 525.05	259.80	2 656.00	3 272.00	1 461.50	2 778.00	13 301.85
1 261.28	3 382.05	578.80	1 383.43	4 223.25	3 179.63	17 256.59
—	—	1 252.49	311.47	592.00	1 312.33	3 606.74
9 805.48	**29 924.76**	**8 428.79**	**11 171.80**	**14 715.45**	**18 948.86**	**108 251.40**
22 960.23	**4 266.11**	**27 265.24**	**26 003.61**	**24 925.18**	**25 825.12**	**222 286.58**
64.14	62.80	61.14	59.38	58.33	56.81	63.21
22.88	21.33	22.75	23.55	23.60	23.97	23.40
0.17	0.23	0.14	0.09	1.02	2.12	0.59
12.81	15.64	15.97	16.98	17.05	17.10	12.80
29.89	87.50	23.61	30.03	37.16	42.96	32.71
20.55	76.77	10.95	12.89	18.11	19.67	19.90
4.05	0.75	7.43	8.79	3.69	6.20	4.02
3.84	9.89	5.13	4.55	12.14	10.03	6.31
70.11	12.50	76.30	69.97	62.84	57.04	67.29
0.43	0.06	0.29	2.08	1.75	1.44	0.96
2.38	—	—	10.03	6.83	13.67	6.04
68.78	87.80	46.46	42.84	48.76	46.51	60.86
15.55	0.84	31.54	29.27	9.92	14.66	12.28
12.86	11.30	21.71	15.18	32.74	23.72	19.26

— 56 —

	1887	1888	1889	1890
1887 Eingang	21 660.71	.	.	.
Zinsen	265.99	.	.	.
Verbrauchbar	21 926.70	.	.	.
Verbraucht	3 910.20	.	.	.
Verbleiben bezw. Einzahlung	18 016.50	23 566.79	.	.
1888 Zinsen	630.—	472.70	.	.
Verbrauchbar	18 646.50	24 039.49	.	.
Verbraucht	2 377.25	674.50	.	.
Verbleiben bezw. Einzahlung	16 269.25	23 364.99	26 693.34	.
1889 Zinsen	567.—	815.50	617.50	.
Verbrauchbar	16 836.25	24 180.49	27 310.84	.
Verbraucht	657.27	689.80	1 440.70	.
Verbleiben bezw. Einzahlung	16 178.98	23 490.69	25 870.14	28 017.17
1890 Zinsen	563.50	815.50	906.50	706.15
Verbrauchbar	16 742.48	24 306.19	26 776.64	28 723.32
Verbraucht	61.20	1 999.69	1 116.85	2 329.80
Verbleiben bezw. Einzahlung	16 681.28	22 306.50	25 659.79	26 393.52
1891 Zinsen	581.—	777.—	899.50	920.50
Verbrauchbar	17 262.28	23 083.50	26 559.29	27 314.02
Verbraucht	60.—	1 965.73	3 254.45	970.30
Verbleiben bezw. Einzahlung	17 202.28	21 117.77	23 304.84	26 343.72
1892 Zinsen	602.07	739.10	816.64	922.—
Verbrauchbar	17 804.35	21 856.87	24 121.48	27 265.72
Verbraucht	60.—	3 445.43	18 433.26	2 136.95
Verbleiben bezw. Einzahlung	17 744.35	18 411.44	5 688.22	25 128.77
1893 Zinsen	621.02	644.38	199.08	879.48
Verbrauchbar	18 365.37	19 055.82	5 887.30	26 008.25
Verbraucht	60.—	4 280.74	540.—	365.70
Verbleiben bezw. Einzahlung	18 305.37	14 775.08	5 347.30	25 642.55
1894 Zinsen	640.68	517.12	187.15	897.47
Verbrauchbar	18 946.05	15 292.20	5 534.45	26 540.02
Verbraucht	176.—	1 230.—	540.—	365.—
Verbleiben bezw. Einzahlung	18 770.05	14 062.20	4 994.45	26 175.02
1895 Zinsen	656.95	492.70	174.80	916.12
Verbrauchbar	19 427.—	14 554.90	5 169.25	27 091.14
Verbraucht	100.—	1 230.—	540.—	365.—
Verbleiben bezw. Einzahlung	19 327.—	13 324.90	4 629.25	26 726.14
1896 Zinsen	676.44	466.34	162.—	935.41
Verbrauchbar	20 003.44	13 791.24	4 791.25	27 661.55
Verbraucht	522.—	1 230.—	540.—	366.—
Verbleiben bezw. Einzahlung	[1)19 481.44	[2)12 561.24	[3) 4 251.25	[4)27 295.55

1) 180 Mk. Rente. — 2) 3 Renten von 800, 450, 480 Mk. — 3) 2 Renten 180 und 360 Mk. — 4) Täglich 1 Mk.

1891	1892	1893	1894	1895	1896	Beisammen
.	.	.	.	.	.	21 660.71
.	.	.	.	.	.	265.99
.	.	.	.	.	.	21 926.70
.	.	.	.	.	.	3 910.20
.	.	.	.	.	.	41 583.29
.	.	.	.	.	.	1 102.70
.	.	.	.	.	.	42 685.90
.	.	.	.	.	.	3 051.75
.	.	.	.	.	.	66 327.58
.	.	.	.	.	.	2 000.—
.	.	.	.	.	.	68 327.58
.	.	.	.	.	.	2 787.77
.	.	.	.	.	.	93 556.98
.	.	.	.	.	.	2 991.65
.	.	.	.	.	.	96 548.63
.	.	.	.	.	.	5 507.54
28 573.71	.	.	.	.	.	119 614.80
1 014.—	.	.	.	.	.	4 192.—
29 587.71	.	.	.	.	.	123 806.80
3 555.—	.	.	.	.	.	9 805.48
26 032.71	28 921.63	.	.	.	.	142 922.95
911.12	1 278.31	.	.	.	.	5 269.24
26 943.83	30 199.94	.	.	.	.	148 192.19
4 322.40	1 526.70	.	.	.	.	29 924.74
22 621.43	28 673.24	29 994.37	.	.	.	148 261.82
791.73	1 003.55	1 560.40	.	.	.	5 699.64
23 413.16	29 676.79	31 554.77	.	.	.	153 961.46
487.70	834.50	1 860.15	.	.	.	8 428.79
22 925.46	28 842.29	29 694.62	30 863.63	.	.	176 396.30
767.37	1 009.47	1 039.29	1 252.73	.	.	6 311.28
23 692.83	29 851.76	30 733.91	32 116.36	.	.	182 707.58
271.—	300.—	2 459.35	5 829.95	.	.	11 171.30
23 421.83	29 551.76	28 274.56	26 286.41	32 851.06	.	204 387.34
819.76	1 034.31	989.60	920.02	785.31	.	6 789.57
24 241.59	30 586.07	29 264.16	27 206.43	33 636.37	.	211 176.91
770.45	—	2 686.45	3 808.60	5 214.95	.	14 715.45
23 471.14	30 586.07	26 577.71	23 397.83	28 421.52	37 120.60	233 582.06
821.48	1 070.30	930.21	818.92	994.74	777.04	7 652.88
24 292.62	31 656.37	27 507.92	24 216.75	29 416.16	37 897.64	241 234.94
120.—	30.—	1 017.27	3 560.19	3 573.10	7 989.80	18 948.36
5)24 172.62	31 626.37	6)26 490.05	7)20 656.56	8)25 843.06	9)29 907.84	10)222 286.58

5) 120 Mk. Rente — 6) 3 Streitfälle. — 7) 105, 180 und 210 Mk. Rente, 1 Streitfall. — 8) 305 Mk. Rente.
9) 4 Streitfälle. — 10) 13 Renten und 8 Streitfälle.

Verfehlt würde es jedoch sein, diesen vollen Ueberschuß als erzielten Gewinn zu behandeln. Denn es haften darauf nicht allein 12 Rentenansprüche, von denen 11 aus den 8 ersten Jahren und der 12. aus 1895 herrühren, sondern es sind noch Aufwendungen einerseits aus 8 schwebenden Streitfällen, andererseits unangemeldete aus den letzten 2 Jahren wahrscheinlich.

Wenn somit zwar die Höhe des Gewinnes, welcher in dem ausgeworfenen Ueberschusse liegt, ziffernmäßig noch nicht genau festzustellen ist, wird gleichwohl im weiteren Verlaufe der Nachweis eines unverkennbaren Gewinnes zu erbringen sein, welcher bei einer etwaigen Auflösung der beiden Betriebe zur Vertheilung verwendbar bleibt. Schon der Umstand, daß beide Betriebe nur diejenigen Beträge eingeschossen haben, welche die Schlesische Lebensversicherungsgesellschaft für unausreichend erklärt hatte, um auf ihrer Grundlage die Versicherung fortzusetzen, daß also diejenigen Beträge thatsächlich erspart worden sind, um welche die abgelehnte Forderung die bisherigen Prämiensätze überstiegen haben würde, stellt einen namhaften Gewinn in Form von Ausgaben-Ersparniß her, der für die Große Berliner Pferde-Eisenbahn-Aktiengesellschaft etwa 150%, für die Neue Berliner Pferdebahn-Gesellschaft etwa 95% der bezifferten Einschußbeträge ausgemacht haben würde. Sollte also selbst durch außergewöhnliche Zufälle schließlich kein vertheilbarer Ueberschuß verbleiben, die Ansammlung vielmehr zur Ablösung der Rentenverbindlichkeit und Tilgung etwaiger verbliebener Streitforderungen verbraucht werden, so würde das eingeschlagene Verfahren immer noch gewinnreich und zweckmäßig gewesen sein.

Ein Gewinn ist jedoch thatsächlich zu erwarten.[2])

§ 21. Sachbehandlung.

Die Geschäftsthätigkeit der Betriebsunternehmer, welche die eingetretenen Unfälle selbst abfinden, ist größer und verantwortlicher, als derjenigen Unternehmer, welche Versicherung gegen Haftpflicht genommen haben. Denn die Sachbehandlung, Herbeiführung von Vergleichen und den Verkehr mit den Sachwaltern besorgt hier

---

[2]) Vergl. unten § 29 S. 73.

die Versicherungsgesellschaft, welcher man es zu überlassen pflegt, den Sachhergang festzustellen und Beweismittel zu beschaffen. Dort muß dies Alles von der Betriebsverwaltung geschehen. Der Erfolg und das Gelingen wird durch den Grad der Sachkenntniß, des Interesses für diesen Geschäftszweig und der Vorsicht wesentlich beeinflußt.

Gegenwärtig wird folgendes Verfahren beobachtet. Sämmtliche Unfallsmeldungen werden thunlichst schnell dem Syndikus vorgelegt, welcher den Sachhergang klar zu stellen und den Beweis für eigenes Verschulden des Verunglückten oder das Obwalten höherer Gewalt zu beschaffen bemüht ist. Hält er dessen Gelingen für zweifelhaft, so wird in Vergleichsverhandlungen mit dem Anspruchsberechtigten eingetreten, womit bisweilen nicht einmal gewartet wird, bis dieser Ansprüche erhebt. Dies geschieht einerseits, um schnelle Hülfe zu bringen, andererseits um möglichst bald die Angelegenheit für den Betrieb endgiltig abzuthun. Nicht selten gelingt die Ausgleichung des Schadens schon binnen der ersten 14 Tage nach dem Unfalle. Denn die vom Syndikus vorbereiteten und begründeten Vorschläge pflegen als schleunige behandelt zu werden.

Auskunft von Werkthätigen des Betriebes zu erlangen, ist einfach. Bei Außenstehenden ist man auf deren Entgegenkommen angewiesen. Im Durchschnitt der letzten 10 Jahre haben etwa ⅔ der um Auskunft angegangenen Personen solche theils schriftlich, theils persönlich[1]) ertheilt. Dagegen hat die Beweisaufnahme zur Sicherung gemäß C.P.O. § 447 ff. als brauchbares Hilfsmittel zur Vermeidung des Rechtsweges meist versagt, weil theils die Zustimmung des Gegners nicht zu erlangen war[2]), theils dem Erfordernisse des § 449⁴ in einer für den angerufenen Richter befriedigender Weise nicht genügt werden konnte. Grundsätzlich herrscht die Neigung zur außergerichtlichen Erledigung der Haftansprüche und zur Vermeidung des Rechtsweges vor. Nur in Fällen übermäßiger Forderungen oder bei Vorliegen von Streit-

---

[1]) Jährlich haben etwa 547 ihre Wahrnehmungen dem Syndikus zu Protokoll erklärt.

[2]) Zumal wenn solche bereits einen Sachwalter hatten, dessen Gebühr dann erheblich niedriger ausgefallen wäre, wenn der Sachaustrag im Rechtswege schließlich unterblieb.

fragen, über welche Vorentscheidungen noch fehlten, ist es zum Rechtswege gekommen[a]), ohne daß er indeß gesucht und eine negative Feststellungsklage angestrengt worden ist.

Vielleicht ist nicht zum geringsten Theile das bisher günstige Ergebniß des jetzigen Abfindungsverfahren der geübten Sorgfalt in der Sachbehandlung zuzuschreiben.

§ 22. Das Aufbringen der Mittel.

Die verfügbaren Mittel setzten sich zusammen aus den für die einzelnen Jahre und Betriebe übersichtlich bezifferten Einschüssen, Ersatzbeträgen, Zinsen und dem Preisgewinn. In der Gesammtsumme der 330537.98 Mk. machte der Einschuß mit 286408.70 Mk. 86.61%, die Zinsen mit 42274.97 Mk. 12.80% und die Ersatzbeträge mit 1854.31 Mk. 0.59% aus. Zur Erläuterung ist nur noch zu bemerken:

I. Im Einschusse liegen jährlich nur 3000 Mk. als Gegenwerth für die Unfälle der Straßengänger,[1]) während die Mehrbeträge zur Abfindung der Fahrgastunfälle zusammengebracht sind.

Da jedoch naturgemäß mit Ausdehnung des Bahnnetzes, Vermehrung der Fahrtenzahl und der Nutzkilometer eine Zunahme der Unfälle von Straßengängern unausbleiblich und nachgewiesen ist,[2]) erscheint der Verbleib bei einem festen Betrage unnatürlich. Die binnen der abgelaufenen 10 Jahre eingekommenen 30000 Mk. reichen thatsächlich zur Deckung der Unfälle von Straßengängern nicht aus und genügen noch weniger, die Rentenverbindlichkeiten abzustoßen, welche darauf haften, sofern die fünf rechtshängigen Streitfälle ungünstig entschieden werden sollten.

II. Die aufgekommenen Zinsen würden bei Fortbestand der Versicherung dem Versicherer zugeflossen sein. Ihr Verhältniß zur Gesammtsumme muß solange jährlich steigen, als die Ueberschüsse aus den Vorjahren noch wachsen, wie dies die Verhältnißziffern der einzelnen Jahre überzeugend nachweisen. Da im letzten Jahre 7652.88 Mk. Zinsen vereinnahmt sind, während die Rentenverbind-

---
[a]) Vergl. unten §§ 26, 27 S. 68—72.
[1]) Oben § 2 b S. 8.
[2]) Oben §§ 5, 7 S. 17, 20.

lichkeiten nur 3329 Mk. betragen haben, wurden 4323.88 Mk. Ueber=
schuß erzielt, welche den zinstragenden Bestand vermehren. Würden
durch Erwerb einer 4%igen Hypothek höhere Zinsen zu erzielen
sein, so wäre ein schnelleres Steigen der Verhältnißziffer die unaus=
bleibliche Folge.
  III. Daß die Ersatzbeträge nur 1854.31 Mk. = 0.59%
in der Gesammtziffer ausmachen, während 45 908.02 Mk. = 45.91%
der Abfindungen und 1811.00 Mk = 54.4% der Jahresrenten aus
Unfällen herrühren, die auf fremdes Verschulden zurückzuführen sind,
beweist die Werthlosigkeit des Rückgriffsrechtes gegen den Schadens=
urheber unter der Herrschaft des Landrechtes. Man ist nämlich
auf den Führer des schädigenden Fahrzeugs angewiesen, der aus=
nahmslos kein Vermögen besitzt, so daß bei Aussichtslosigkeit zur
Beitreibung einer Urtelssumme die Kosten des Rechtsverfahrens
gegen ihn sich nicht lohnen. Die eingesetzten Ziffern sind überwiegend
in Ersatz verauslagter Anwaltskosten in zwei Streitfällen, die nicht
im Armenrechte erhoben waren, oder nach § 202 aus den Mitteln
von Werkthätigen des Betriebes entstanden, welche zur Erhaltung
ihrer Stellung Abschlagszahlungen geleistet haben. Zwei versuchs=
weise gegen die Besitzer der betheiligten Fahrzeuge angestrengte
Klagen wurden nach Obsiegen in erster Instanz in der Berufung
abgewiesen, obschon in dem einen Falle der Nachweis gelungen
war, daß der Dienstherr nicht einmal den Namen und die Wohnung
seines Kutschers wisse, weshalb er über dessen Zuverlässigkeit sich
nicht unterrichtet haben könne (A.L.R. I. 6 §§ 56, 64) und im
anderen Falle, daß der Kutscher wiederholt von Landparthien be=
trunken nach Hause gekommen sei, woraus der Dienstgeber seinen
Hang zum Trunke hätte erkennen müssen (A.L.R. I. 6 § 62). Diese
beiden Mißerfolge mußten von weiteren kostspieligen Versuchen ab=
schrecken. Nach dem 1. Januar 1900 wird allerdings aufgrund
des bürgerlichen Gesetzbuches § 831 ein neuer Versuch zu wagen
sein, der dann scheinbar besseren Erfolg verspricht.

§ 23. Die Unfalls-Feststellungskosten.

Zur Feststellung der Unfälle sind bisher 1040.00 Mk. = 0.96%
verbraucht. In den drei letzten Jahren sind hier Beträge eingesetzt,
welche als Belohnungen an Bahnkutscher für besondere Aufmerk=

samkeit zur Unfallsverhütung gezahlt worden sind, sowie die Herstellungskosten zur Sachaufklärung gebrauchter Zeichnungen. Der nach deren Abzug verbleibende Aufwand für Sachermittlung macht nur 553 Mk. = 52.70% der ganzen Summe aus. Dieser Umstand in Verbindung mit der Thatsache, daß im Ganzen 12 921 Unfälle zu bearbeiten waren, beweist die geübte Sparsamkeit in Vergütigung von Fahrgeldaufwand und Zeitversäumniß an Zeugen, weshalb der von gegnerischer Seite in den Klagesachen Werner und Glein gemachte Versuch, aus der Bewilligung von Fahrgeldersatz und Versäumnißgebühr den Vorwurf der Bestechung von Zeugen abzuleiten, mißglückt ist. Die Versicherungsgesellschaften pflegen die Kosten der Schadenserhebung auf 20—25% zu veranschlagen.

Belohnungen an Bahnkutscher mit 10 oder 15 Mk. zu gewähren, war schon in früheren Jahren üblich. Damals wurden die Beträge aus dem »Betriebe« entnommen. Außergewöhnliche Leistungen zu belohnen, entspricht der Bestrafung vorgefallener Dienstwidrigkeiten und müßte eigentlich dahin führen, daß die Unfallsurheber, sofern ihr Verschulden feststeht, mindestens theilweise zum Ersatze des Schadens herangezogen werden. Der diesbezügliche Gebrauch früherer Jahre ist indeß neuerdings fallen gelassen oder doch wenigstens wesentlich gemildert worden.

Aus Rücksichten einerseits zur Verhütung von Unfällen, andererseits zum Schutze des Gesellschaftsvermögens gegenüber geübter Leichtfertigkeit sind sowohl Belohnungen, als auch unnachsichtliches Beitreiben von Ersatzansprüchen zweckmäßig.

Ob die Belastung mit den Kosten für Zeichnungen zweckmäßig ist und mit der dadurch verursachten Arbeit in richtigem Verhältniß steht, kann dahingestellt bleiben.

§ 24. Preisverlust.

Derselbe hat bisher 7197.80 Mk. = 6.64% der Ausgaben betragen und in den einzelnen Jahren die dort eingesetzten Beträge erreicht. Nur in drei Jahren war ein Preisverlust ausgeblieben; in den anderen wechselte er zwischen 2.38 bis 30.24% des Gesammtaufwandes der bezüglichen Jahre. Bei Wahl einer Anlage für die

Bestände, durch welche Preisschwankungen ausgeschlossen sind, würde der durchschnittlich 6.04% betragende Ausgabeposten wegfallen. Die hypothekarische Ausleihung der Ueberschüsse bietet diesen Ausweg. Da das Kapital frühestens am 2. Januar 1912 oder, falls es zu einer achtjährigen Verlängerung der Einbaufrist kommt, sogar erst am 2. Januar 1920 gebraucht wird, ist dessen Ausleihung auf Hypothek mit langem Ausschluß der Fälligkeit ganz ungefährlich. Mindestens würde solches für diejenigen 166 535.68 Mk. gelten, welche aus der Zeit vor dem 1. Januar 1895 herstammen, so daß ihre Inanspruchnahme aus Unfällen ausgeschlossen ist, welche bisher noch nicht geltend gemacht sind. Eine Hypothek zu 3³/₄ bis 4% ist bei dem heutigen Stande des Hypothekenmarktes wohl zu erreichen.

§ 25. Unfallsabfindungsbeträge.

Wie sich dieselben auf die einzelnen Jahre und Betriebe vertheilen, in welchem Verhältnisse zwischen den Einnahmen und Ausgaben des betreffenden Jahres sie stehen, wieviel davon auf die verschiedenen Unfallsursachen entfallen, theils in Anerkennung einer Zahlungsverbindlichkeit oder in Erfüllung eines ergangenen Urtheils als nothwendig geleistet, theils nur freiwillig aus Mitleid oder Zweckmäßigkeitsgründen gewährt worden sind, ist aus den Uebersichten § 14 S. 38, § 20, S. 54 ff. zu entnehmen, weshalb es nach dieser Richtung keiner weiteren Klarlegung bedarf. Zu ergänzen ist nur, daß davon entfallen auf Verletzungen

beim	tödtlich		schwer		leicht	
	Fälle	Betrag	Fälle	Betrag	Fälle	Betrag
Absteigen	1	300.00	20	9 263.44	13	1759.60
Aufsteigen	1	50.00	8	2 123.42	1	52.35
Herabfallen ...	6	10 522.68	13	9 525.73	17	3223.42
Betreten der Gleise						
Erwachsene ..	6	3 698.50	10	2 956.50	10	751.15
Kinder	4	193.00	17	5 315.97	6	139.45
Durch Wagen						
eigene	—		2	154.60	26	3254.27
fremde	1	475.20	16	39 984.52	41	5448.90
Sonstige	—	—	1	120.00	7	700.90

Jedenfalls wird hierdurch der verbreitete Irrthum widerlegt, daß engherzig die Erfüllung von Schuldverbindlichkeiten abgelehnt oder hingehalten werde. Im Gegentheile ist nicht selten schon während bestehender Ungewißheit, ob ein Anspruch anzuerkennen sein würde, Zahlung ohne Vorbehalt des Widerrufs und nur unter der Beschränkung gewährt worden, daß sie im Falle eines Anspruchs auf diesen zu verrechnen sei, so oft eine augenblickliche Nothlage bestand. So hatte z. B. ein Klempner Hackel, der mit seiner im Armenrechte angestrengten Klage schließlich unterlegen ist, für seine Frau und Kinder Unterstützung erhalten, solange er sich in der Krankenhauspflege befand, und waren einem Agenten John während seiner eigenen Krankheit 400 Mk. gezahlt.

Die aus Zweckmäßigkeit geleisteten Zahlungen sind ausnahmslos in Fällen gewährt worden, welche unfehlbar zur Klageabweisung geführt haben würden, während ebenso gewiß war, daß es zur Bewilligung des Armenrechtes gekommen wäre, wodurch Aufwand für Anwaltsgebühren ohne Aussicht auf Wiedererstattung entstehen mußten. Deshalb wurde vorgezogen, den unvermeidlichen Aufwand zur Befriedigung der Antragsteller zu verwenden, soweit er die Grenzen der muthmaßlichen Kosten höchstens unwesentlich überstieg. Das allgemeine Rechtsgefühl findet bei einem solchen Verfahren allerdings nicht seine Rechnung. Indeß sind die Bahnunternehmer schwerlich für einen Zustand verantwortlich zu machen, welcher der sachwidrigen Handhabung des Armenrechtes entspringt, um schließlich dazu zu führen, daß, vor die Wahl zwischen zwei Uebeln gestellt, die Bahnunternehmer dasjenige wählen, was ihnen wenigstens Arbeit erspart, obschon sie sich bewußt sind, hierdurch dem unredlichen Erwerbe Vorschub zu leisten und die unsittliche Ausbeutung eines Unfalles in Form einer Nöthigung zu begünstigen.

Die in den einzelnen Jahren bezifferten Beträge enthalten die darin fällig gewordenen Renten aus Verbindlichkeiten früherer Jahre. Hieraus findet das stetige Wachsen der Jahresverbrauchsziffern Erklärung. Außerdem wird jetzt die Kapitalabfindung vorgezogen, damit nicht etwa durch Rentenverbindlichkeiten eine nothwendige Auflösung des Unternehmens ungünstig erschwert wird. Während der durchschnittliche Abfindungsaufwand für die Große Berliner Pferde-Eisenbahn-Aktiengesellschaft 60.86 % und für die

Neue Berliner Pferdebahn-Gesellschaft nur 12.28 % ausmacht, der bei jeder nur viermal überschritten wurde, ist er bei ersterer in den letzteren Jahren stetig gefallen, bei der letzteren dagegen bemerkbar gestiegen. Nicht zum geringsten Theile mag dies darauf zurückzuführen sein, daß letzterer Betrieb früher allgemein für nothleidend gegolten hat, weshalb man mit Ansprüchen an ihn aus Mißtrauen gegen deren Erfolg seltener herantrat.

§ 26. Bestehende Rentenansprüche.

Zur Zeit bestehen 12 Rentenverbindlichkeiten im Jahresbetrage von 3329 Mk. Zu beanspruchen haben nämlich aus dem tödtlich verlaufenen Unfalle:

a) des Kanzlisten Lutz vom 30. November 1889 durch Herabfallen von einem Bahnwagen beim Durchfahren der Kurve am Brandenburgerthor,
1. die Wittwe Lutz auf Lebenszeit, aber längstens bis zum 23. Juni 1915 jährlich . . Mk. 360
2. Frieda Lutz bis zum 19. Juli 1898 (vollendeten 16. Lebensjahre) jährlich . . . . » 180

b) des Kutschers Müller vom 5. Januar 1894 durch Herabgleiten vom Promenadenwege in Folge Glatteises unter die Räder eines vorüberfahrenden Bahnwagens,
3. Gertrud Müller bis zum 2. Februar 1899 (vollendeten 14. Lebensjahre) jährlich . . » 180

c) des Packhofsarbeiters Wilting vom 12. Oktober 1895 durch den Druck eines Pferdes, welches vor einem Möbelwagen gespannt, senkrecht auf die Vorderplatte eines Bahnwagens gelaufen war,
4. die Wittwe Wilting auf Lebenszeit, aber längstens bis zum 24. Dezember 1909 jährlich . » 396

d) des Postsekretärs Otto Krause vom 5. August 1894 durch Herabfallen von der Vorderplatte eines Bahnwagens,
5. seine Mutter Wittwe Krause auf die volle Lebensdauer . . . . » 210

sodaß bestehen 5 Hinterbliebenenrenten mit beisammen . Mk. 1326

Zu beanspruchen haben ferner aus dem eigenen Unfalle vom:

6. 26. September 1887 durch Verlust des Beines beim Laufen neben einem Bahnwagen der am 30. August 1881 geborene Knabe Horning vorläufig . . . . Mk. 180

7. 11. März 1888 in Folge Anrückens eines Bahnwagens vor vollendetem Abstieg der jetzt 82 jährige Agent Ferdinand Pietsch . . . » 300

8. 13. Juni 1888 durch Deichselstoß in Folge Anfahrens eines Faßbierwagens gegen den von ihm benutzten Bahnwagen Schuhmacher Tiel . . . . » 450

9. 20. Dezember 1888 durch Stoß in Folge Anfahrens eines Arbeitswagens gegen den von ihm benutzten Bahnwagen der am 2 August 1835 geborene Thierarzt Pietsch . . . . » 480

10. 3. März 1890 durch Deichselstoß eines in den von ihr benutzten Bahnwagen anfahrenden Möbelwagens die Handarbeiterin Nowack » 365

11. 20. Oktober 1891 durch Verletzung der Hand beim Anfahren einer Droschke gegen den von ihm benutzten Bahnwagen der Schuhmacher Groß . . . . » 120

12. 28. Juni 1894 für Verlust eines Fingers beim Abstieg vom Decksitz im Fahren der Strumpfwirker Glein lebenslänglich, aber nicht über den 1. Juni 1912 hinaus . . . » 108

macht beisammen . Mk. 3329

Von den Rentenverbindlichkeiten entfallen diese unter 3, 4, 9, 12 mit 1164 Mk. auf den Betrieb der Neuen Berliner Pferdebahn-Gesellschaft, die übrigen auf den der Großen Berliner PferdeEisenbahn-Aktiengesellschaft, sobaß erstere mit 34.28%, letztere mit 65.72% am Aufbringen der Geldrenten betheiligt ist.

Um die somit jährlich erforderlichen 3329 Mk. bereit zu haben, genügen zu 3½% verzinslich angelegte 95 200 Mk., indem diese sogar 3332 Mk. Zinsen abwerfen. Aus der Zeit vom 1. Januar

1887 bis 31. Dezember 1894 sind indeß bereits 166 535.68 Mk. angesammelt. Sie sind nur noch einer Minderung durch die noch schwebenden Haftansprüche Langer, Lehmann und Tewele ausgesetzt[1]), während weitere aus jener Zeit durch die inzwischen eingetretene Verjährung verwirkt sein würden. Da die somit überschießenden 71 335.68 Mk. zu 3½% 2496.50 Mk. Zinsen abwerfen würden und die Wilting'sche Rente erst dem Jahre 1895 zur Last fällt, also aus den Zinsen seines Bestandes zu decken sein würde, bleiben die dafür eingesetzten 396 Mk. noch zur Verfügung für Rentenabfindungen, welche auf den Jahren 1887—1894 lasten. Daß in den drei schwebenden Fällen mehr als 2892 Mk. Renten zugebilligt werden, ist nicht zu erwarten. Sie würden überdies für die Tewele'schen Kinder zeitlich begrenzt sein.[2])

Die Rentenansprüche der Frieda Lutz, Gertrud Müller und Wittwe Wilting hören jedenfalls vor dem 31. Dezember 1911 auf, diese der Wittwe Lutz am 23. Juni 1915 und des Strumpfwirkers Glein am 1. Juni 1912, weshalb sie nach dem 1. Januar 1912 höchstens noch 1260 bezw. 45. Mk. beanspruchen werden. Bezüglich der sonstigen Ansprüche ist bei dem Lebensalter und derzeitigen Gesundheitszustande der Schuhmacher Groß und Tiel, der Wittwe Krause, der beiden Pietsch kaum zu erwarten, daß sie den 31. Dezember 1911 überleben werden. Sie würden dann jedenfalls so alt sein, daß Anträge auf Renteneinstellung oder Kapitalsumwandlung gemäß Gesetz vom 7. Juni 1871 § 7 Abs. 2 Erfolg versprechen.

Horning bleibt dauernd verstümmelt. Er wird auf Kosten der Betriebsunternehmerin zum Graveur ausgebildet und dadurch in die Lage gebracht, später mehr zu verdienen, als den durchschnittlichen Lohn eines gewöhnlichen Arbeiters. Nach Beendigung seiner Lehrzeit wird mithin zu versuchen sein, Aufhebung der Rente wegen verbesserter Erwerbsverhältnisse herbeizuführen.

Endlich wird zu erwägen sein, ob nicht vielleicht schon jetzt eine Aufhebung oder Minderung der Rentenansprüche der Nowack, des Thierarztes Pietsch und des Schuhmachers Tiel in Gang zu

---

[1]) Vergl. unten § 28 S. 70, 71.
[2]) Genau 2499.72 Mk. nach § 29 S. 73.

bringen ist, zumal Art. 42 des Einführungsgesetzes zum bürgerlichen Gesetzbuch vom 18. August 1896 fraglich macht, ob nach dem 1. Januar 1900 solches überhaupt noch möglich sein würde.

§ 27. Anwalts- und Gerichtskosten.

Dieselben betrugen während der Berichtszeit 20 863.33 Mk. oder 19.26% der Gesammtausgabe und beanspruchten somit 6³/₄% der Eingänge. Deshalb ist der Vorwurf zu befürchten, daß leichtfertig unnütze und vermeidbare Rechtsstreitfälle geschaffen sind. Er würde indeß irrig sein und wird ihm dahin begegnet.

I. In 20 Fällen, welche beisammen 6019.77 Mk. oder 6.02% des Gesammtaufwandes bezw. 29.14% des Kostenaufwandes verbraucht haben, kam es zur Klageabweisung. Gefordert waren beisammen 5626.62 Mk. Heilungsaufwand und 15 Geldrenten im Jahresbetrage von 29 257 Mk. Lebensrente. Mithin war hier das Einlassen auf den Rechtsstreit nicht zu umgehen. Abgesehen von drei Fällen, in denen die Kläger erstinstanzlich obgesiegt hatten, um erst in der Berufung zu unterliegen, erfolgte die Abweisung schon im ersten Rechtsgange, um in den folgenden bestätigt zu werden. Nur in neun Fällen standen die Kläger von Einlegung der Rechtsmittel ab; 11 mal kam es zur Berufung und 2 mal zur Revision. In sämmtlichen Fällen drang der Einwand des eigenen Verschuldens durch; 2 mal klagten die Hinterbliebenen eines töbtlich Verunglückten, 18 mal die Verunglückten selbst. Das eigene Verschulden wurde 5 mal im Absteigen während der Fahrt, 3 mal in der Trunkenheit des Verunglückten, je 1 mal im Aufsteigen, im Laufen auf dem Trittbrette und im vorzeitigen Erheben vom Decksitz, in den neun übrigen Fällen in nicht gehöriger Aufmerksamkeit beim Benutzen des Straßenkörpers gefunden.

II. In 8 Fällen unterlagen die Kläger wenigstens theilweise, um im anderen Theile obzusiegen. Eingeklagt waren 2758.15 Mk. Heilungs- bezw. Beerdigungsaufwand und 10 Jahresrenten,[1] nämlich 9 mit beisammen 9355.50 Mk. jährlich und eine unbezifferte. Zur Verurtheilung kam es nur in Höhe von 1406.50 Mk. und 8 Rentenverbindlichkeiten mit beisammen 2093 Mk. sowie zur

---

[1] Im Lutz'schen Falle nämlich drei, beren eine abgewiesen ist.

grundsätzlichen Feststellung einer neunten, die indeß inzwischen durch Vergleich abgefunden worden ist. Im Verhältnisse zu den Streit=summen unterlagen die Betriebe nur mit 51.00% der festen For=derung und 22.35% der bezifferten Jahresrenten. Das Einlassen auf den Streit war also auch hier wegen der übertriebenen For=derung geboten.

III. Nur in 2 Fällen wurde den Klägern deren volle Forde=rung zugebilligt, wobei jedoch in dem einen der Vorderrichter zur Klageabweisung gelangt war, was allein schon Beleg dafür liefert, daß der erhobene Anspruch nicht über alle Zweifel begründet war.. Es kam zur Zuerkennung einer Jahresrente von 480 Mk. und einer erst im späteren Lebensalter zu beziffernden. Die Streitfragen drehten sich darum, ob die unmittelbare Verletzung eines Fahr=gastes durch ein fremdes Fahrzeug als auf höhere Gewalt beruhend angesehen werden könne bezw. ob es höhere Gewalt sei, wenn ein neben einem Bahnwagen herlaufendes Kind durch den Stoß eines Spielgenossen vor das Hinterrad geworfen sei. Obschon die Frage schließlich zu Gunsten der Kläger entschieden worden ist, kann jeden=falls ihre Anregung und Durchführung nicht der Vorwurf über=eilter Streitführung treffen. Beide Fälle wurden 1888 angestrengt, als die oben § 17 S. 45 dargelegten Grundsätze noch nicht ge=fällt waren.

IV. Von den 1010.17 Mk. Aufwand = 1.01% des Ge=sammtaufwandes, welchen 7 durch Vergleich beendete Fälle verursacht haben, sind 218.03 Mk. in 4 Fällen erwachsen, in denen es zu keinem Rechtsstreite gekommen, der Anspruch indeß erst von einem der Verunglückten bestellten Armenanwalt erhoben war, während vorher Ansprüche fehlten. Es handelt sich hier um Anwalts=gebühren für die Vergleichsverhandlung. In den restlichen 3 Fällen kam es zur Zahlung von 1200 Mk. gegenüber geforderten 1800 Mk. Jahresrente und 1753 Mk. Heilungsaufwand. Der Vergleich ge=lang auch erst im Verlaufe der Beweisaufnahme, nachdem die Gutachten der Sachverständigen und Aussagen der Zeugen die auf sie gesetzten Erwartungen der Kläger theilweise getäuscht hatten, was diese zum Aufgeben des Uebermaßes ihrer Forderungen und zu Annehmen der schon vor der Klage angebotenen Abfindung be=stimmte.

V. Wegen der in sechs schwebenden Streitfällen bereits ver=
brauchten 3043.20 Mk. = 3 04% wird die Zukunft erst lehren, ob
das Einlassen auf den Streit zweckmäßig oder verfehlt gewesen ist.

§ 28. Rechtshängige Haftansprüche.

Von acht rechtshängigen Haftansprüchen hat zwei die Fuhr=
werks=Berufsgenossenschaft aus den Unfällen eines Arbeiters
Hoffmann[1]) und eines Omnibusschaffners Rutke erhoben, welche
von ihr Unfallsfürsorge genossen haben, weil sie im Banne ver=
sicherter Betriebe bei Berufsverrichtungen für dieselben am 19. Sep=
tember 1894 und 31. Januar 1896 verunglückt sind. Sie ver=
langt im ersteren Falle 840.53 Mk. bereits gezahlte und vom
1. Januar 1896 ab monatlich 52 Mk. künftige Rente, im letzte=
ren Falle 411.74 Mk. gezahlte und noch unbezifferte künftige Rente
erstattet. Hoffmann fiel von der am Ende eines Möbelwagens
angebrachten Schwinge herab, als der Möbelwagen bei seinem Ab=
biegen mit der hinteren Ecke gegen einen nahenden Bahnwagen
stieß; Rutke soll zwischen den von ihm bedienten Omnibus und
einen folgenden Bahnwagen gerathen sein, als der erstere in Folge
Falles der Pferde plötzlich auf dem verbotswidrig benutzten Gleise
hielt und der letztere folgeweise an diesen anfuhr.

Weitere Ansprüche sind erhoben von

1. der Wittwe und 5 Kindern des am 14. Januar 1893 vom
Hinterperron eines benutzten Bahnwagens gefallenen Restaurateurs
Tewele, über dessen Vermögen damals der Konkurs bei 160 000 Mk.
Schulden gegen 5400 Mk. Masse schwebte, auf 1194.75 Mk. Be=
erdigungskosten und 3600 Mk. Jahresrente, von denen erstere in=
zwischen rechtskräftig abgesprochen und letztere zwar dem Grunde
nach anerkannt, im Betrage indeß erst festzustellen sind;

2. der Wirthschafterin Langer auf Zahlung von 290.65 Mk.
Heilungskosten und 900 Mk. Jahresrente seit 1. September 1893
aus ihrem am 10 Juli 1893 bei Benutzung der Pferdebahn er=
littenen Unfalle, daß sie durch die Deichsel eines anfahrenden Roll=

---

[1]) Am 9. Februar 1897 erstinstanzlich auf Verurtheilung erkannt.

wagens gestoßen sein und hierdurch traumatische Neurose bekommen haben will;²)

3. der Falzerin Lehmann auf Zahlung von 826 Mk. und lebenslänglich 6.50 Mk. Wochenrente aus ihrem am 27. August 1893 beim Besteigen eines Bahnwagens erlittenen Unfalle;³)

4. dem Kaufmannslehrling Wellmer auf Heilungskosten und 5000 Mk. Jahresrente aus seinem am 11. Januar 1896 beim Gleiskreuzen erlittenen Unfalle, wobei ihm durch einen Bahnwagen der rechte Arm abgefahren worden ist;⁴)

5. dem Droschkenfuhrherrn Roedeske auf Zahlung von 557.65 Mk. und Ersatz künftigen Erwerbsausfalles, welcher vorläufig auf 3.50 Mk. täglich beziffert ist, aus einem ihm am 24. Mai 1896· dadurch zugestoßenen Unfalle, daß ein Bahnwagen beim Fahren in das falsche Gleise gegen seine das Nebengleise benutzende Droschke stieß, wobei er herabgefallen ist und eine Gehirnstörung davongetragen haben will:

6. dem Magistratssekretär Franz auf Feststellung der Eintrittsverbindlichkeit für Heilungsaufwand und Erwerbsausfall anläßlich eines am 5. Oktober 1896 dadurch erlittenen Unfalles, daß er das Abfahrtgleise zwischen zwei Motorwagen überschritt, wobei der hintere in Bewegung kam, gegen den vorderen anfuhr, und den Kläger stark quetschte.

Bis auf den Langer'schen Fall sind sämmtliche gegen die Große Berliner Pferde = Eisenbahn = Aktiengesellschaft gerichtet. Wellmer ist erstinstanzlich abgewiesen, doch ist Berufung eingelegt. Die Ansprüche der Tewele'schen Hinterbliebenen sind zwar unter Billigung des Reichsgerichtes dem Grunde nach anerkannt worden, wobei jedoch das reichsgerichtliche Urtheil vom 29. Oktober 1895 — III 179, 1895 — die Frage, ob und inwieweit der Verstorbene thatsächlich zur Leistung des Unterhaltes im Stande war, noch

---

²) Inzwischen durch Urtheil vom 18. Januar 1897 vorläufig 124.65 Mk. und 393 50 Mk. Jahresrente unter Aberkennung des Ueberrestes zugesprochen, indeß durch Berufung angefochten.

³) Am 25. Januar 1807 Rentenzubilligung ausgesprochen, Urtel indeß noch nicht zugestellt.

⁴) Erstinstanzlich auf Klageabweisung erkannt, am 19. Januar 1897 in der Berufung dem Grunde nach festgestellt, durch Revision angegriffen.

zur weiteren Feststellung dem Vorberichter überwiesen hat.[5]) Nicht minder steht der Lehmann ein Rentenanspruch dem Grunde nach zu, nachdem sie einen Eid dahin geleistet hat, daß der Bahnwagen, während sie noch im Aufsteigen begriffen war, bereits wieder abgefahren ist. Die Lehmann'sche Klage wurde erst am 17. August 1895, also unmittelbar vor Ablauf der Verjährungsfrist angestellt, woraus es kam, daß die diesseitigen Zeugen darüber theilweise nicht mehr sicher waren, ob der Wagen beim Zusteigen der Klägerin noch gehalten hat, oder schon weiter gefahren war, was zur Zuerkennung eines Reinigungseides und in Folge seines Leistens zum Verwerfen des Einwandes eigenen Verschuldens geführt hat[6])

§ 29. Ausreichen der Mittel.

Da nachgewiesenermaßen aus den Vorjahren 3329 Mk. Rentenverbindlichkeiten und acht rechtshängige Ansprüche bestehen, da ferner weitere Ansprüche aus den Jahren 1895 und 1896 nicht ausgeschlossen sind, was für die früheren Jahre infolge der mittlerweile eingetretenen Verjährung der Fall ist, so bleibt schließlich die Frage noch offen, ob die vorhandenen Bestände zur Deckung des Bedarfs für die bestehenden und muthmaßlichen Ansprüche wohl ausreichen werden. Nach dieser Richtung ist die Zeit vor und nach dem 1. Januar 1895 auseinander zu halten.

I. Der Bestand, welchen die Ueberschüsse der Jahre 1887 bis 1894 ergeben, beträgt 166535.68 Mk. = 75.41% des Gesammtbestandes. Ihm stehen 3329 Mk. Rentenverbindlichkeiten gegenüber, da die Wilting'sche Rente mit 396 Mk. erst auf 1895 lastet. Außerdem sind aus den schwebenden Rechtsstreitfällen noch Rentenverbindlichkeiten in bisher unbezifferter Höhe zu erwarten. Ein völlig untrügliches Bild ist mithin selbst für diese Zeit noch nicht zu gewinnen. Umgekehrt ist aber auch auf Wegfall von Renten durch Ableben der Empfangsberechtigten oder Schwinden ihrer Erwerbsunfähigkeit zu rechnen. Betragen werden nämlich:

---

[5]) Am 29. Januar 1897 auf 1200 Mk. für die Wittwe und 480 Mk. für jedes Kind beziffert, aber durch Berufung angegriffen.

[6]) 1897 hat noch Knackfuß aus seinem Absteigen im Fahren am 4. Oktober 1896 auf 1092 Mk. Jahresrente geklagt.

	Bestand	Zinsen			Bestand
	1. Januar	vereinnahmt	verbraucht	verbleiben	31. Dezemb.
1897	166 535.68	5828.72	[1]) 3329	2499.72	169 035.40
1898	169 035.40	5916.22	[2]) 3279	2637.22	171 672.62
1899	171 672.62	6008.52	[3]) 2984	3024.52	174 697.14
1900	174 697.14	6114.39	2969	3145.39	177 842.53
1901	177 842.53	6224.47	2969	3255.47	181 098.00
1902	181 098.00	6338.43	2969	3369.43	184 467.43
1903	184 467.43	6456.34	2969	3487.34	187 954.77
1904	187 954.77	6578.39	2969	3609.39	191 564.16
1905	191 564.16	6704.74	2969	3735.74	195 299.90
1906	195 299.90	6835.46	2969	3866.46	199 166.36
1907	199 166.36	6970.81	2969	4001.81	203 168.17
1908	203 168.17	7110.88	2969	4141.88	207 310.05
1909	207 310.05	7255.85	[4]) 2962	4293.85	211 603.00
1910	211 603.90	7406.10	2573	4833.10	216 437.00
1911	216 437.00	7575.29	2573	5002.29	221 439.29

und falls Einbaufrist um acht Jahre verlängert wird

1912	221 439.29	7750.36	[5]) 2528	5222.36	226 661.65
1913	226 661.65	7933.13	2465	5468.13	232 129.78
1914	232 129.78	8124.51	2465	5659.51	237 789.29
1915	237 789.29	8322.61	[6]) 2277	6045.61	243 834.90
1916	243 834.90	8534.19	2105	6429.19	250 264.09
1917	250 264.09	8759.24	2105	6654.24	256 918.33
1918	256 918.33	8992.13	2105	6887.13	263 805.46
1919	263 805.46	9233.17	2105	7128.17	270 933.63

1) Darunter 806 Mk. für Wilting aus 1895. — 2) Frieda Luy fällt seit 19. Juli weg. — 3) Wegfall der Gertrud Müller seit 2. Februar. — 4) Wilting seit 24. Dezember weggefallen. — 5) Glein fällt 1. Juni weg. — 6) Witwe Luy seit 28. Juni weggefallen.

Um ein der Wirklichkeit möglichst entsprechendes Bild zu liefern, ist die Wilting'sche Rente als Schuld eingesetzt und ist berechnet worden, wieviel der aufkommenden Jahreszinsen verbraucht oder zur Kapitalsvermehrung verbleiben werden, sodaß am 31. Dezember 1911 aus den Rücklagen bereits 221 439.29 Mk. und am 31. Dezember 1919 sogar 270933.63 Mk. vorhanden sein könnten. Vorausgesetzt ist dabei allerdings, daß die nachträglich zuzubilligenden Renten 396 Mk. jährlich (Einsatzziffer für Wilting) nicht übersteigen werden. Sollten sie indeß darüber hinausgehen, aber innerhalb derjenigen 2499.72 Mk. verbleiben, welche als Zinsenüberschuß für 1897 ermittelt sind, so würde noch immer der Bestand vom 1. Januar 1897 mit 166 535.68 Mk. unberührt als Gewinn verbleiben.

II. Aus 1895 schwebt bisher kein Rechtsstreit. Auch ist auf das Erheben eines solchen nicht zu rechnen, weil angemeldete Ansprüche nicht zurückgewiesen sind. Ueber den muthmaßlichen Ausfall der Rechtsstreitfälle aus 1896 ist zwar kein sicheres Urtheil zu gewinnen, doch spricht, wofern nicht die bisherigen Grundsätze von der Rechtsprechung verlassen werden, das Uebergewicht der Wahrscheinlichkeit für einen den Klägern wenig günstigen Erfolg. Daß die vollen 55 750.90 Mk., welche für diese Jahre noch zur Verfügung stehen, werden aufgebraucht werden, erscheint fast ausgeschlossen.

§ 30. Einfluß des Armenrechtes.

Nach § 14 Seite 38, 39 sind 32 Ansprüche, welche 15 194.72 Mk. Kostenaufwand verursacht haben, im Armenrechte eingeklagt. Von den beiden Klagen, in denen die Kläger schließlich mit ihrem vollen Anspruche durchgedrungen sind, war jedoch nur eine im Armenrechte erhoben. Mithin sind die Kläger im Armenrechte fast durchweg gänzlich oder theilweise unterlegen, sodaß ihre Rechtsverfolgung schließlich als muthwillig und aussichtslos erkannt worden ist. Dies giebt dem Zweifel Raum, ob eine gründliche Vorprüfung gemäß C.P.O. § 106 stattfand, oder ob nicht die Bewilligung des Armenrechtes vielfach hätte vornweg abgelehnt werden können, um die Beklagten vor dem nutzlosen Aufwande zu schützen. Weil dem Ab- und Aufsteigen im Fahren grundsätzlich durch den Gerichtsgebrauch die Eigenschaft des eigenen Verschuldens beigelegt ist, dürfte eigentlich die Verfolgung von Ansprüchen aufgrund derartier Ereignisse im Armenrechte ausgeschlossen sein. Die Erfahrung zeigt das Gegentheil.

Die vorbezifferten 15 194.72 Mk. = 72.82% des Gesammt-Kostenaufwandes machen nicht die einzigen Opfer für herrschende Handhabung des Armenrechtes aus; vielmehr treten noch weitere 47 Abfindungen mit 6997 70 Mk. = 7.00% des Gesammtaufwandes hinzu, welche freiwillig aus Zweckmäßigkeitsgründen bewilligt sind. Sie erfolgten nämlich durchweg für Ansprüche, mit denen die Antragsteller einerseits kaum durchgedrungen sein, für deren Ver-

folgung sie andererseits jedoch bei ihrer Vermögenslage muth=
maßlich das Armenrecht bewilligt erhalten haben würden, sowie
um Beträge, welche hinter den Anwaltskosten eines wenn auch sieg=
reich durchgeführten Streites schätzungsweise zurückgeblieben wären.
Bei den Klagen im Armenrechte pflegt nämlich die Forderung
erheblich übertrieben zu werden, wie die § 27 S. 68 ermittelte
Thatsache zeigt, daß die geforderten Abfindungen von 2758.15 Mk.
auf 1406.50 Mk., also um 1351.65 Mk. = 49.00% herabgesetzt
und die verlangten Jahresrenten sogar von 9355.50 Mk. auf
2093.00 Mk. um 7262.50 Mk. = 77.65% gemindert worden sind.

Diesem Unwesen wäre vielleicht dadurch beizukommen, daß in
Armensachen — besonders wenn vornweg nur über den Grund
des Anspruches entschieden und dies Zwischenurtheil im geordneten
Rechtszuge angefochten wird — der Streitwerth nach richterlichem
Ermessen schätzungsweise herabgemindert wird.

Den weitverbreiteten Irrthum, daß Streitfälle im Armenrechte
minder sorgfältig betrieben würden, widerlegt die Erfahrung. Im
Gegentheile würde die Mühewaltung des Sachbetriebes bei aus=
bleibendem Klageerfolge ungelohnt bleiben, sodaß es im wohlver=
standenen Nutzen liegt, größttthunlich auf ein Unterliegen des Be=
klagten hinzuarbeiten.

IV. Künftiges Abfindungsverfahren.

§ 31. Maßgebende Einflüsse.

Bei der geschilderten Handhabung hat das von 1887 bis
1896 geübte Verfahren der Selbstabfindung von Haftansprüchen
die Probe auf seine Zuverlässigkeit und Zweckmäßigkeit glücklich
überstanden. Die Einschüsse haben nicht allein genügt, die er=
hobenen Ansprüche zu befriedigen und die muthmaßlich noch zu er=
wartenden abzufinden, sondern lassen mit einem an Gewißheit
grenzenden Wahrscheinlichkeitsgrade auf namhafte Ueberschüsse
rechnen. Dabei wurden erhebliche Aufwendungen erspart, indem die
Prämienforderungen über die Einschußbeträge hinausgingen. Die
Abfindung konnte schnell erfolgen, weil die Verständigung mit dem

— 76 —

Versicherer wegfiel; dem Verunglückten wurde schnell geholfen, die Wahrheit kam zur Geltung: bis dat, qui cito dat, nihil dat, qui munera tardat.

Gleichwohl würde es verfehlt sein, aus der Bewährung in der Vergangenheit unbedingt auf eine solche für die Zukunft zu schließen. Die vielleicht unvermeidliche Verschmelzung beider Betriebe, der weitere oder ausschließliche Gebrauch der Elektrizität als Zugkraft, die vermehrte Zulassung einer Mitbenutzung der Gleise durch andere Unternehmer, ein häufigeres Gleiskreuzen durch Wettbetriebe, der Uebergang zum Einheitspreis, die Veränderung in der Rechtslage durch Gesetz vom 18. August 1896, Art. 42 und durch Unfalls-Versicherungsgesetz § 98 in der Fassung des vorliegenden Entwurfs werden auch für die Abfindungsgefahr nicht ohne Einfluß bleiben.

I. Durch eine etwaige Verschmelzung beider Betriebe fällt die Möglichkeit zum Fortbestande eines abweichenden Beitragsfußes weg. Wird der Einschuß nach dem Satze ermittelt, dem die vormalige Prämienerhebung bei der Großen Berliner Pferde-Eisenbahn-Aktiengesellschaft zu Grunde liegt, so kommt gegen jetzt weniger ein. Die gekürzte Einschußziffer reicht selbstredend nicht so weit, wie die höhere gemäß des Voranschlages. Für den künftigen Einschuß müßte also ein Beitragsfuß gefunden werden, der ein verhältnißmäßiges Gleichbleiben der Jahreseingänge gewährleistet.

Noch weniger würde man auf den Gedanken verfallen dürfen, den Einschuß für die Unfälle der Straßengänger auf 1500 Mk. zu beschränken, der jetzt 2×1500 Mk. beträgt. Im Gegentheil wird mit Erweiterung des Bahnnetzes, Vermehrung der Zügezahl, veränderter Zugbildung beim Eintritte von Unfällen im Straßengewühle Vorschub geleistet. Der Beitrag müßte also im Verhältniß zur Zahl der Nutzkilometer stehen, mit deren Zu- oder Abnahme wachsen oder fallen und dürfte folgeweise kein fester, unveränderlicher sein.

II. Die Gefahren im elektrischen Betriebe sind zahlreicher und verhängnißvoller als im Pferdebetrieb.[1] Vielleicht ist eine namhafte Abnahme zu erwarten, wenn die Bevölkerung sich an das

---

[1] Oben § 7 S. 22.

neue Verkehrsmittel gewöhnt haben wird, wozu die Betriebsunternehmer dadurch beitragen könnten, daß sie auffallend bemerkbar machen, welches die Stirn- oder Hinterwand ist. Zur Zeit an den Anblick der Pferde vor dem nahenden Wagen gewöhnt, übersehen viele, daß der Motor herankommt, während sie meinten, daß er sich entferne. Durch grelle Färbung oder anderweite Abzeichen an der Stirnwand läßt sich diesem Irrthum abhelfen. Daß auf ihm manche schwere Unfälle beruhen, ist nachweisbar. So lange jedoch noch ungewiß ist, daß die Haftpflichtsgefahr im elektrischen Betriebe über diese im Pferdebetriebe nicht hinausgeht, wird eine der muthmaßlichen Mehrgefahr entsprechende Erhöhung der Beiträge zweckmäßig sein.

Vielleicht ist sogar im Zeitverlaufe auf eine erhebliche Minderung der Zahl der Unfälle durch »Einwirkung fremder Fahrzeuge« zu rechnen, wenn es häufiger zur empfindlichen Verurtheilung von fremden Wagenführern wegen Bahngefährdung aus Str.G.B. §§ 315, 316 gekommen und damit die Vorsicht der fremden Wagenführer gehoben sein wird, doch wird auf diese jetzt noch unsichere Erwartung hin ein Verbleib bei dem heutigen Beitragsfuße oder ein Herabgehen unter denselben nicht zu wagen sein.

III. Werden Fremde zur Mitbenutzung der Gleise zugelassen, so schwindet damit die Zuverlässigkeit einer richtigen Folge und eines sachgemäßen Ineinandergreifens der verschiedenen die gleiche Strecke befahrenden Züge.[2]) Im Gegentheil werden im Diensteifer die Fahrer einander vorzukommen und sich gegenseitig Fahrgäste abzujagen suchen. Dies führt zur Zwangslage des Bahnunternehmers, von dem Mitbenutzer die Haftung für diejenige Gefahr zu verlangen, welche ohne seine Zulassung muthmaßlich ausgeblieben sein würde. Ohne eine rechtswirksame Begründung dieser Verantwortlichkeit oder der Abrede eines namhaften Beitrages für die Haftpflichtsabfindung würde die Duldung der Gleismitbenutzung durch Dritte eine wirthschaftlich sehr bedenkliche Maßregel sein.

IV. Bei dem bisher nur seltenen Kreuzen der Gleise durch Schienenwege und den Bahnbetrieb eines dritten Unternehmers ist

---

[2]) Vergl. Urtel des O.B.G. vom 28. Oktober 1896; meine Abhandlung im Preuß. Verwaltungsblatt XVII (1896) S. 307 unter III.

es bereits mehrfach zu Unfällen gekommen. Für den Besitzer der Stammbahn und für den ursprünglichen Betrieb bilden solche eine Erschwerung der bisherigen Last und eine Erhöhung der Haftpflichtsgefahr. Folgeweise wird es kein unbilliges Verlangen an die Bahnaufsichtsbehörde sein, welche jene Kreuzung der Gleise durch ihre Genehmigung erst rechtlich begründen, den Antragsteller zur vorgängigen Vereinbarung mit dem Stammbahnunternehmer wegen Tragung der vermehrten Haftpflichtgefahr zu veranlassen.

V. Der aus weiten Schichten der Bevölkerung gewünschte und von den städtischen Behörden angestrebte Uebergang zum Einheitspreise im Bahnverkehr würde auf die Betriebsweise einen bedeutsamen Einfluß üben, indem vielleicht statt langer Durchgangs- oder kreisförmiger Linien kürzere strahlenförmige einzurichten sein würden. Hierdurch wird ein häufiges Umsteigen und bei der dazu gebotenen Eile der Anlaß zu mancherlei Unvorsichtigkeiten und Gefahren geschaffen werden. Abgesehen davon verspricht man sich allgemein vom einzuführenden Einheitspreise einen außerordentlichen Zuwachs von Fahrgästen, der zur vermehrten Zügezahl oder zur Bildung von Zügen aus mehreren zusammenhängenden Wagen führen muß. Beides birgt gegen jetzt neue Gefahren, deren Zahl und Schwere nicht unterschätzt werden darf, und würde zu einer Erhöhung des Beitragsfußes bestimmen müssen, wenn der Möglichkeit, künftig vielleicht mit Fehlbeträgen rechnen zu müssen, wirksam vorgebeugt werden soll.

VI. Vom 1. Januar 1900 wächst[*]) die Haftpflichtsgefahr. Der Verunglückte darf dann außer Heilungskosten und Erwerbsausfall noch den Mehraufwand fordern, welchen er als Folge des Unfalles haben wird, daß er z. B. als Blinder einen Führer, der Hände beraubt, einen Diener bedarf. Ueberdies ist sein Recht, Sicherheitsbestellung zu fordern, erweitert und fällt die Möglichkeit weg, im Zeitverlaufe wegen veränderter Umstände die Einstellung oder Minderung zugebilligter Renten zu betreiben. Folgeweise wird wenigstens von da ab eine der vergrößerten Last entsprechende Erhöhung der Abfindungsrücklagen rathsam sein.

---

*) Vergl. meine Abhandlung in Zeitschrift für Lokal- und Straßenbahnwesen XVI (1897) S. 20 ff.

VII. Endlich ist die Erschwerung nicht zu unterschätzen, welche § 98 des am 17. November 1896 dem Reichstage vorgelegten Entwurfs eines Unfallversicherungsgesetzes dem Zustandekommen von Vergleichen wegen Haftabfindung bereiten wird. Denn man wird nicht mehr mit dem Verunglückten allein zu thun haben, dem eine namhafte einmalige Abfindung zur Begründung eines Geschäftes dienlich ist, durch dessen Betrieb er sich und die Seinen nunmehr ernähren will, sondern man wird oft in den Berufsgenossenschaften unbequeme Gegner haben, die jeden auf Kapitalsabfindung gerichteten Vergleich vereiteln. Die Gelegenheit, noch in letzter Stunde auf eine entsprechende Fassung des gedachten § 98 hinzuwirken, ist versäumt worden.[4]) Dafür wird eine entsprechende Erhöhung der Rücklagen kaum zu umgehen sein.

§ 32. Werth des Rückgriffsrechtes.

Da nach § 17 S. 45 ff. etwa die Hälfte des Aufwandes aus der Schuld fremder Wagenführer veranlaßt ist und nach § 20 S. 55 in dem geringen Betrage von 1854.31 Mk. = 0.59% der Eingänge noch dazu erstattete Anwaltskosten liegen, die Eingänge als Schadensersatz überdies ausschließlich von Werkthätigen der Bahnbetriebe geleistet sind, ist unter dem geltenden Rechte und herrschenden Gerichtsgebrauche das Rückgriffsrecht an die Schadensurheber werthlos, weil es nicht gegen die Dienstgeber ausgeübt werden darf, und deren Hilfspersonal durchweg mittellos ist. Bis zum 1. Januar 1900 ist somit auf eine Erhöhung des beregten Einnahmepostens nicht zu rechnen. Nach dem 1. Januar 1900 wird das Rückgriffsrecht werthvoller und durch dessen Ausnutzung auf Ersatzleistung in nennenswerther Höhe zu rechnen sein.

Ueberwiegend wird es auf die Auslegung und Handhabung des B.G.B. § 831 ankommen, welcher den Geschäftsherrn zum Ersatze des in Ausführung der Verrichtungen einem Dritten widerrechtlich zugefügten Schadens grundsätzlich verpflichtet und ihm Befreiung von der Eintrittsverbindlichkeit nur aufgrund des Beweises zugesteht, daß er entweder bei der Auswahl seines Beauf-

---

[4]) Oben § 19 S. 52.

tragten und Beschaffung von Vorrichtungen bezw. Geräthschaften die im Verkehre erforderliche Sorgfalt beobachtet hatte oder daß der Schaden bei Anwendung dieser Sorgfalt gleichfalls entstanden sein würde.

Da künftig also die Beweisrolle verschoben ist, Bahnunternehmer dem Geschäftsherrn nur zu beweisen haben, daß ihr Schade in Ausführung seiner Verrichtung entstanden ist, wird die Klagezurückweisung wegen ungenügenden Schuldbeweises, welche jetzt die Regel bildet, nur noch zu den Ausnahmen gehören. Dafür werden umgekehrt Mängel im Entlastungsbeweise die beklagten Geschäftsherren treffen, welche ihretwegen als beweisfällig die verlangte Entlastung nicht erlangen können. Im Schlußergebnisse wird somit eine ähnliche Rechtslage entstehen, wie sie heut in Haftpflichtssachen gilt, daß die Aussichten der Kläger günstiger als diese der Beklagten sind, wenn nämlich die Spruchgerichte den Bahnbetrieben dasselbe Wohlwollen entgegen bringen, dessen sich heut die Haftpflichtskläger selbst dann erfreuen, wenn sie als Rechtsnachfolger eines aufgrund der Fürsorgegesetzgebung Entschädigten auftreten und nur Entlastung von einem öffentlich rechtlichen Aufwande suchen.

Sofern es öfter zur Verurtheilung von Fuhrherrn auf Schadensersatz aus Fahrfehlern ihrer Beauftragten kommen wird und diese die wirthschaftlichen Nachtheile kennen lernen, welche aus der Uebertragung einer Geschäftsverrichtung an Unzuverlässige entspringen können, wird die Beschäftigung von untauglichen und leichtfertigen Wagenführern schnell abnehmen[1]), dem ein Fallen in der Ziffer der Zusammenstöße, der Unfälle durch Einwirkung fremder Fahrzeuge und des Aufwandes für letztere schnell folgen muß. Mithin wird nach dem 1. Januar 1900 einerseits auf namhaftes Wachsen der einkommenden Ersatzbeträge, andererseits auf erhebliche Abnahme des Aufwandes für Haftung aus fremder Schuld mit einem fast an Gewißheit grenzenden Wahrscheinlichkeitsgrade zu rechnen sein.

---

[1]) Haftpflicht §§ 45—20, S. 183—215; Unfallsgefahrengesetz § 96 S. 310 ff; Straßenbahnkunde § 93 ff, Bd. I S. 284 ff.

§ 33. Versicherungsangebote.

Das oben §§ 20 S. 53 ff. nach Handhabung und Erfolg geschilderte Abfindungsverfahren hat naturgemäß die Aufmerksamkeit und Besorgniß von Unfallsversicherungsgesellschaften erweckt. Einmal ist nicht ausgeschlossen, daß andere leistungsfähige Betriebe dem gegebenen Beispiele folgen, ihre bestehenden Versicherungsverhältnisse lösen und zur Selbstabfindung übergehen; denn einer der beiden betheiligten Bahnunternehmer unterhält bekanntlich den umfangreichsten Straßenbahnbetrieb in Europa und genießt so großes Vertrauen auf die Geschicklichkeit und Vorsicht seiner Geschäftsbesorgung, daß die ausgegebenen Aktien auf dem Geldmarkte zum $3^{1}/_{2}$ fachen Nennwerthe willig abgenommen werden. Ueberdies würde bei dem Umfange beider Betriebe der Abschluß eines Versicherungsgeschäftes einen hohen Prämienbetrag einbringen und daraus lohnenden Gewinn abwerfen. Folgeweise kann es nicht befremden, daß verschiedene Angebote zur Uebernahme der Haftpflichtsgefahr vorliegen, von denen als beachtenswerth hervorzuheben sind:

I. Der Allgemeine deutsche Versicherungsverein in Stuttgart erbot sich im Dezember 1893 zur Uebernahme von 90% des im Einzelfalle unbegrenzten Schadensbetrages gegen 5 ‰ der Jahres=Bruttoeinnahme unter der Zusage der Rückgewähr von 50% des aus der Versicherung sich ergebenden Gewinnes. Durch Annahme würden 1896 98 488.00 Mk. zu zahlen gewesen sein, welche sich mit 86 531.00 Mk. und 11 957.00 Mk. auf die beiden Betriebe vertheilt hätten.

II. Die »Zürich« beanspruchte am 13. Juni 1894 noch $2^{1}/_{2}$ oder 2 ‰ der Bruttoeinnahme, je nachdem, ob 25% Gewinnantheil beansprucht würden oder nicht, wogegen sie bei Tödtungen oder Körperverletzungen bis 30 000 Mk. für die einzelne Person und 100 000 Mk. für das Ereigniß gewähren und außerdem bei Sachbeschädigung für die 20 Mk. übersteigenden Beträge bis zur Höhe von 5000 Mk. einstehen wollte. Ihr würden danach 1896 49 244.00 Mk., nämlich 43 265.50 Mk. und 5978.50 Mk. bezw. 39 395.00 Mk., 34 612.50 Mk. und 4782.50 Mk. gebührt haben. Am 16. Oktober 1894 ermäßigte sie die Prämienforderung auf 2 ‰ bei Zubilligung einer Gewinnbetheiligung unter Erhöhung des Personalsabfindungsbetrages von 30000 auf 50000 Mk., erklärte sich durch Schreiben vom 23. Oktober 1894 sogar zu noch weiterem Entgegenkommen bereit.

III. Nachdem zwischen der Freien Vereinigung deutscher Straßenbahnen einerseits, den Gesellschaften »Zürich« und »Winterthur« andererseits ein Abkommen dahin getroffen war, daß letztere bei 25% Gewinnbetheiligung die Versicherung von Betrieben, deren Jahresbruttoeinnahmen mehr als 500000 Mk. jährlich betragen, bei $2^1/2^0/_{00}$ zu übernehmen verpflichtet seien, forderte die »Winterthur« unter dem 16. Juni 1894 zu einem Abschlusse bei ihr zunächst auf 10 Jahre bei Vorauszahlung der Prämie für 5 Jahre auf, wofür ein Freijahr bewilligt werden sollte. Danach würden z. B. für die Zeit vom 1. Januar 1897 bis 1902 sofort 196975.00 bezw. 173062.50 und 23912.50 Mk. zu zahlen gewesen sein, während die aus einer etwaigen Einnahmesteigerung entspringende Mehrforderung nachzuzahlen geblieben wäre.

IV. Gemäß des Angebots der »Wilhelma« vom 21. November 1895, gegen 6 Mk. für jedes im Betriebe beschäftigte Pferd[1]) die Haftpflichtversicherung in unbegrenzter Höhe zu übernehmen, wobei jedoch noch 20% Ablaß in Aussicht gestellt wurden, eine Versicherung abzuschließen, hindert schon der geplante Uebergang zum elektrischen Betriebe.

Da der Einschuß für 1896 nach § 20 S. 55 für die Große Berliner Pferde-Eisenbahn-Aktiengesellschaft 25438.69 Mk. betragen hat, würde jede dieser Versicherungen einen Mehraufwand beansprucht haben. Anders liegt es bei der Neuen Berliner Pferdebahngesellschaft, deren Einschuß jetzt 10734.82 Mk. beträgt und damit die auf sie entfallenden Jahresprämien erheblich übersteigt.

§ 34. Begründung von Vorschlägen.

Unter so bewandten Umständen und gestützt auf mehr als 23 jährige Erfahrung durch Bearbeitung der Unfalls- und Haftpflichtsfälle im Berliner Straßenbahnbetriebe bin ich überzeugt, daß der Verbleib bei der Selbstabfindung in Fortsetzung des

---

[1]) Es würden danach für 1896 zu zahlen gewesen sein 42888 bezw. 37572 und 5316 Mk.

am 1. Januar 1887 begonnenen Verfahrens vortheilhaft ist, zumal wenn die Jahresrücklagen um etwas erhöht und die Bestände hypothekarisch angelegt werden. Angesichts der Thatsache, daß bei nur 286408.70 Mk. Einschuß bereits 222286.58 Mk. zur Deckung der Rentenverbindlichkeiten und noch zu erwartender Ansprüche angesammelt sind, sodaß bisher nur 22.38% des Einschusses verbraucht wurden, und daß ferner von den verbrauchten 108251.40 Mk. nur 64122.12 Mk. = 59.24% aus dem Einschusse entnommen zu werden brauchten, während der Ueberrest mit 44129.28 Mk. = 40.76% aus den Zinsen und aufgekommenen Ersatzbeträgen gedeckt werden konnte, erübrigt es eines weiteren Beweises, daß das geübte Selbstabfindungsverfahren auf versicherungstechnisch richtigen Grundlagen beruht. Ein weiterer Vortheil liegt in der Möglichkeit, den Verunglückten schnell und deshalb desto wirksamer zu helfen. (§ 31 S. 76.) Das verbleibende Bewußtsein der Verantwortlichkeit für die Folgen der einzelnen Unfälle und die Zwangslage, im Einzelfalle die näheren Thatumstände gründlich zu erforschen, müssen dahin führen, den Unfallverhütungsmaßregeln die denkbar größte Aufmerksamkeit zuzuwenden, zweckwidrige Einrichtungen zu beseitigen und das Verhalten der Werkthätigen im Verkehre sorgsam zu überwachen. Die Selbstversicherung gewährt also nicht nur wirthschaftliche Vortheile, sondern gereicht auch zur Hebung der Verkehrssicherheit und zur Minderung der Unfallsgefahr.

Die Erhöhung der Rücklagen ist zwar nicht unbedingt nothwendig, wohl aber mit Rücksicht darauf zweckmäßig, daß der Uebergang zum elektrischen Betriebe nach § 7 S. 22 scheinbar wenigstens für die Uebergangszeit zu einer Erhöhung der Unfalls- und Haftpflichtsgefahr führen dürfte. Wird dabei der Mindestbetrag gegriffen, welcher für eine Versicherung zu zahlen sein würde, so belastet man dadurch nicht einmal die jetzigen Aktionäre zu Gunsten derjenigen, an welche bei Auflösung der Gesellschaft etwaige Ansammlungen vertheilt werden würden, weil ersteren ja nur das entzogen wird, was der Abschluß eines Versicherungsgeschäftes kosten würde, sobaß die späteren Aktionäre höchstens aus dem bereichert werden, was den Gewinn der Versicherer ausmachen würde. Aus den nämlichen Erwägungen werden die Rücklagen, selbst wenn sie eine Gewinnaussicht bergen, sobald sie die üblichen Prämiensätze für Haftpflichtsversicherung nur nicht übersteigen, bei der Veranlagung zur Einkommens- und Gewerbesteuer als abzugsfähig[1]) zu behandeln sein.

Die **hypothekarische Anlage** der Bestände schneidet für die Zukunft den Aufwand für Preisverluste (§ 24 S. 62) ab und bewirkt überdies einen Genuß höherer Zinsen, welcher zur schnelleren Kapitalsvermehrung (§ 29 S. 73) bezw. zur Sicherung eines höheren Gewinnes tauglich ist.

Bei Fortsetzung des jetzigen Abfindungsverfahrens wird allerdings unausgesetzt das Vorhandensein eines richtigen Verhältnisses zwischen Bestand und Verbindlichkeiten zu überwachen und etwaigen durch das Uebergewicht der letzteren über den ersteren drohenden Fehlbeträgen rechtzeitig vorzubeugen sein. Deshalb ist nicht zu umgehen, in angemessenen (etwa zehnjährigen) Zwischenräumen den Stand und die Bewegung der Unfalls- und Haftpflichtsgefahr ebenso gründlich zu untersuchen, wie dies die vorliegende Arbeit thut. Sollten innerhalb der nächsten zehn Jahre einschneidende Veränderungen in der Betriebsweise (z. B. die völlige Aufgabe des Pferdebetriebes) durchgeführt werden, so würde die nächste Untersuchung schon früher vorzunehmen, nämlich auf den Abschluß der Uebergangszeit zu verlegen sein, weil erfahrungsgemäß das Unfalls- und das Gefahrengesetz unter wechselnden Verhältnissen nicht dieselbe Beharrlichkeit zeigt, wie dies auf festen Grundlagen geschieht.

Das **Deckungsverfahren**, auf welchem das jetzige Abfindungsverfahren beruht, wird beizubehalten sein. Mithin wird man sich nicht daran genügen lassen dürfen, zum Leisten der Jahresbeträge aus laufenden Verbindlichkeiten ausreichende Mittel zu besitzen oder zu beschaffen, sondern es wird umsomehr darauf Bedacht zu nehmen sein, daß der volle Ablösungswerth der Rentenverbindlichkeiten vorhanden ist, je näher der Zeitpunkt rückt, in welchem das Gleiseinbaurecht vertragsmäßig endet. Denn in gleichem Verhältnisse wächst die Gefahr, die Rentenansprüche durch Kapitalszahlungen ablösen zu müssen. Dies dürfte nach dem 1. Januar 1900 gegen jetzt kostspieliger werden, weil man zufolge Gesetz vom

---

[1]) Einkommensteuergesetz vom 24. Juni 1891 § 9 I 7, Gewerbesteuergesetz vom 24. Juni 1891.

18. August 1896 Art. 42 von da ab auf das Entgegenkommen der Gläubiger angewiesen sein wird, indem das jetzige Recht aus Gesetz vom 7. Juni 1871 § 7 wegfällt, wegen Veränderung in den Verhältnissen, welche die Zuerkennung oder Höhe der Rente bedingt hatten, das bisherige Urtheil durch ein neues ersetzt zu verlangen.

Gleichwohl wird die benöthigte Summe innerhalb derjenigen Ziffer verbleiben, welche oben §§ 26, 29 S. 67, 72 zum Beweise eingesetzt wurde, daß die vorhandenen Bestände zur Deckung der Haftverbindlichkeiten ausreichen oder vielleicht sogar einen Gewinn versprechen. Ein Kapital, aus welchem zu $3^1/_2\%$ soviel Zinsen erzielt werden, als die Jahresbedarfsziffer der gesammten Renten= verbindlichkeiten ausmacht, muß unter allen Umständen genügen.

Da die späteren Arbeiten auf der diesmaligen beruhen können, die Formulare für die benöthigten Uebersichten also vorhanden sind, welche jetzt erst zu schaffen waren, überdies das Zählungsmaterial allmählich vorgearbeitet werden kann, werden Mühe und Zeitauf= wand für später nöthige Untersuchungen gegen diesmal erheblich geringer zu sein brauchen.

V. Anhang.
§ 35. Das Haftrecht der Werkthätigen.

Nur ausnahmsweise sind Haftansprüche der Bahnwerkthätigen denkbar, wenn nämlich ihrer Verletzung ein Ereigniß in einem anderen Bahnbetriebe als dem ihres Dienstgebers zu Grunde liegt, weil vielleicht ein Schaffner vom Wagen fiel, als dieser von einem folgenden Wagen angefahren wurde, der in Mitbenutzung des Gleises von einem anderen Betriebe abgelassen war, oder wenn ein Streckenreiniger durch einen kreuzenden Wagen umgestoßen wird. Es hätte deshalb einer Feststellung erübrigt, in welchem Umfange Werkthätige im Straßenbahnbetriebe gefährdet sind. Da indeß für die Große Berliner Pferde=Eisenbahn=Aktiengesellschaft eine solche Uebersicht zu erlangen war, wäre ihr Weglassen vielleicht um so weniger zu rechtfertigen, als sie Rückschlüsse für die Zweckmäßig= keit gestattet, die jetzige Betriebsweise beizubehalten oder zu ändern.

Die zustande gekommene Uebersicht gewährt folgendes Bild:

1887–1896 Dienstverrichtung, bei welcher und nähere Umstände, unter denen sich der Unfall ereignete		Tod	Verletzungsumfang				Erwerbsfähigkeit gemindert
			wieder erwerbsfähig			unbestimmt	
			sogleich	28 Tage und darunter	29 bis 91 Tage	über 91 Tage		
A. Betriebshandlungen. a) Außendienst.								
1. Bahnkörperreinigung	Fälle	—	3	21	9	—	8	3
	Tage	—	—	236	461	—	—	—
2. Weichen- und Brückenbedienung	Fälle	—	19	108	19	—	2	2
	Tage	—	—	1132	833	—	—	—
3. Kontrolle, Expedition	Fälle	—	5	18	7	—	3	1
	Tage	—	—	226	337	—	—	—
4. Fahrscheinausgabe	Fälle	—	15	39	12	1	1	—
	Tage	—	—	354	540	102	—	—
5. Zuführen und Umlegen der Pferde	Fälle	—	26	219	28	4	13	2
	Tage	—	—	1939	1257	406	—	—
6. Fahren	Fälle	—	22	101	18	2	14	—
	Tage	—	—	1061	905	202	—	—
7. Bremsen	Fälle	—	32	148	8	2	5	—
	Tage	—	—	1054	291	222	—	—
8. Hülfe beim Entgleisen	Fälle	—	4	32	4	—	3	—
	Tage	—	—	346	186	—	—	—
9. Zusammenstoß	Fälle	—	21	57	3	—	1	1
	Tage	—	—	250	138	—	—	—
10. Sonstige Verrichtungen	Fälle	2	20	148	19	3	12	—
	Tage	—	—	1529	836	298	—	—
b) Innendienst. I. Stalldienst.								
1. Pferdepflege	Fälle	1	43	249	28	—	15	2
	Tage	—	—	2157	1102	—	—	—
2. Anschirren, Anspannen	Fälle	—	26	112	11	—	4	1
	Tage	—	—	937	462	—	—	—
3. Hufbeschlag etc.	Fälle	3	37	264	27	1	8	1
	Tage	—	—	2485	1239	168	—	—
4. Stallreinigen	Fälle	—	18	84	6	1	6	—
	Tage	—	—	703	263	124	—	—
5. Sonstige Arbeiten	Fälle	1	27	143	16	—	3	—
	Tage	—	—	1379	667	—	—	—
II. Wagenreinigen	Fälle	1	16	76	9	1	10	2
	Tage	—	—	686	411	93	—	—
III. Futter tragen etc.	Fälle	1	20	141	18	1	18	3
	Tage	—	—	1277	730	116	—	—
B. Werkstättendienst	Fälle	—	26	132	44	—	6	2
	Tage	—	—	1288	1743	—	—	—
C. Gleisebau etc.	Fälle	2	54	192	107	9	18	—
	Tage	—	—	2324	4002	863	—	—
D. Verschiedene Verrichtungen	Fälle	1	12	101	14	1	9	1
	Tage	—	—	1077	601	92	—	—
E. Gewaltthätigkeiten	Fälle	—	17	40	8	—	9	2
	Tage	—	—	441	317	—	—	—
Zusammen	Fälle	12	463	2425	415	26	168	25
	Tage	—	—	22881	17321	2086	—	—

unent-schieden	Fälle-zahl überhaupt	Dienststellung									
		Kontrolleure	Schaffner	Kutscher	Stallpersonal	Vorreiter	Beschlagpersonal	Bahnhofs- und Bahnreinigungspersonal	Sonstiges Betriebspersonal	Bahnbaupersonal	Werkstattpersonal	
—	44	—	—	—	—	—	—	44	—	—	—	abf.
—	697	—	—	—	—	—	—	16.73	—	—	—	%
—	150	1	128	—	2	—	—	18	—	—	1	abf.
—	1965	2.22	21.59	—	0.17	—	—	6.85	—	—	0.48	%
—	34	34	—	—	—	—	—	—	—	—	—	abf.
—	563	75.56	—	—	—	—	—	—	—	—	—	%
—	68	—	68	—	—	—	—	—	—	—	—	abf.
—	996	—	11.47	—	—	—	—	—	—	—	—	%
—	292	—	31	89	108	50	—	3	11	—	—	abf.
—	3602	—	5.23	15.01	9.12	69.44	—	1.14	42.31	—	—	%
—	157	—	67	84	4	1	—	—	1	—	—	abf.
—	2168	—	11.30	14.17	0.34	1.39	—	—	3.84	—	—	%
—	195	—	49	146	—	—	—	—	—	—	—	abf.
—	1567	—	8.26	24.62	—	—	—	—	—	—	—	%
—	43	1	22	15	1	—	—	4	—	—	—	abf.
—	532	2.22	3.71	2.53	0.08	—	—	1.52	—	—	—	%
—	83	—	43	37	2	—	—	1	—	—	—	abf.
—	388	—	7.25	6.24	0.17	—	—	0.38	—	—	—	%
—	204	5	107	66	8	3	—	12	2	—	1	abf.
—	2663	11.11	18.04	11.13	0.67	4.17	—	4.56	7.70	—	0.48	%
—	338	—	—	12	321	2	1	2	—	—	—	abf.
—	3259	—	—	2.02	27.06	2.78	0.61	0.76	—	—	—	%
—	154	—	2	55	92	3	—	2	—	—	—	abf.
—	1399	—	0.34	9.27	7.76	4.17	—	0.76	—	—	—	%
—	341	—	—	10	182	—	148	1	—	—	—	abf.
—	3892	—	—	1.69	15.34	—	90.80	0.38	—	—	—	%
—	115	—	—	1	113	1	—	—	—	—	—	abf.
—	1090	—	—	0.17	9.53	1.39	—	—	—	—	—	%
—	190	—	1	23	141	4	5	14	—	—	2	abf.
—	2046	—	0.17	3.88	11.89	5.55	3.07	5.32	—	—	0.97	%
—	115	—	1	2	11	—	—	100	—	—	1	abf.
—	1190	—	0.17	0.34	0.93	—	—	38.02	—	—	0.48	%
—	202	—	1	16	163	1	—	21	—	—	—	abf.
—	2123	—	0.17	2.70	13.74	1.39	—	7.99	—	—	—	%

Unter den 68 Schaffnern, welche binnen 10 Jahren bei der Fahrscheinausgabe verunglückten, sind diejenigen gezählt, welche ihre Verrichtungen vom Laufbrette ausgeführt haben. Sie befinden sich unter den 15 bezw. 39, welche sogleich oder spätestens binnen 28 Tagen völlig genesen waren. Mithin beruht die Ausführung in der Magistratsvorlage vom 20. Februar 1897 (J.=No. 1007. V. 97.) zu § 23 des Vertragsentwurfs auf unrichtigen Voraussetzungen.

Sodann hat z. B. die Pferdepflege, welche bei Uebergang zum elektrischen Betriebe wegfällt, 1138 von beisammen 3534 Unfällen und davon 5 tödtliche unter 12 Todesfällen verursacht, wobei das Futtertragen mit 202 Fällen (darunter 1 tödtlicher) nicht mit berücksichtigt ist, weil an seine Stelle das Tragen von Brennmaterial treten wird. Ingleichen ist das Zuführen und Umlegen der Pferde mit 292 Fällen nicht eingerechnet. Unter den 157 Unfällen beim Fahren befinden sich überdies solche durch Ausschlagen der Pferde, welche die Führer elektrischer Wagen nicht zu erwarten haben. Der Uebergang zum elektrischen Betriebe dürfte somit, soweit Werkthätige hierbei in Frage kommen, kaum als gefährlicher zu gelten haben wie der Pferdebetrieb, ohne daß hieraus jedoch die oben § 7 S. 22 begründete Annahme erschüttert wird, daß für Fahrgäste und Straßengänger, mindestens für die Uebergangszeit, auf eine Erhöhung der Unfalls= und Haftpflichtsgefahr zu rechnen sein wird.